HERBERT ANSCHÜTZ

Theoretische und empirische Untersuchungen über Ursachen und Wirkungen der Konzentration

Theoretische und empirische Untersuchungen über Ursachen und Wirkungen der Konzentration

unter besonderer Berücksichtigung des Kostenverlaufs
in Abhängigkeit von der Betriebs- und Unternehmensgröße

Von

Dr. Herbert Anschütz

DUNCKER & HUMBLOT / BERLIN

Gedruckt 1973 bei Berliner Buchdruckerei Union GmbH., Berlin 61
Printed in Germany

ISBN 3 428 02944 5

Vorwort

Die Beurteilung der zunehmenden Konzentrationstendenzen in den verschiedensten Branchen der Wirtschaft führte nach dem bisherigen Stand der Untersuchungen zu keiner einheitlichen Aussage. Sowohl von den Vertretern der verschiedenen wirtschaftlich relevanten Disziplinen der Wissenschaft als auch von den direkt und indirekt betroffenen Unternehmensleitungen liegen divergierende Aussagen zum Konzentrationsproblem vor. Dazu kommen noch unterschiedliche Zielvorstellungen der verschiedensten staatlichen Stellen, die aus der Ableitung theoretischer Wettbewerbsvorstellungen Ordnungskonzeptionen schaffen wollen, um die Funktionsfähigkeit des Wettbewerbs zu sichern. Liegt hier die Schwierigkeit in der Überbrückung der Kluft zwischen den theoretischen Wettbewerbsvorstellungen einerseits und den konkreten Orientierungsgrößen der Wettbewerbspolitik andererseits (1, S. 11), so stößt man bei der Erforschung der Ursachen der Konzentration zwar auf vielfältige Bestimmungsgründe, wie z. B. Risikoausgleich, Vorteile im Finanzierungsbereich, Möglichkeit zur Senkung der Kosten je Einheit der Erzeugnisse, Machtstreben einzelner Unternehmer, Entstehung größerer Märkte, die Notwendigkeit vermehrter Forschungsanstrengungen, beschleunigter technischer Fortschritt, Bildung optimaler Unternehmensgrößen usw., die zum Teil aus betriebswirtschaftlicher und produktionstechnischer Sicht heraus den oft in den Raum gestellten „Zwang zur Konzentration“ formal begründen. Der quantitative Nachweis der angestrebten Kostensenkungen je Einheit der Erzeugnisse konnte wegen der Vielschichtigkeit der Konzentrationsvorgänge und des Fehlens eines universalen Kostenrechnungssystems — mit dessen Hilfe die Wirkungen der Konzentration aus kostentheoretischer und empirischer Sicht im voraus kalkulierbar gemacht werden können — jedoch nicht immer geführt werden. Aus diesem Umstand heraus ist es wohl zu erklären, daß insbesondere aus dem Gebiet der Nationalökonomie kritische Stimmen kommen, die durch die zunehmenden Konzentrationsfälle eine abnehmende Flexibilität der Unternehmen in bezug auf die Kostengestaltung und somit langfristig eher eine relative Kostensteigerung je Einheit der Erzeugnisse feststellen. Die notwendige Rentabilität des eingesetzten Kapitals würde dennoch durch Kostenüberwälzung auf die Abnehmer bei vermindertem Wettbewerb erreicht. Die Absicherung dieser Aussage ist bisher hauptsächlich aus der Preistheorie abgeleitet worden und stützt sich empirisch auf nachgewiesene Verhaltensweisen einzelner Unternehmer, hier insbesondere auf dem amerikanischen Markt.

Eine Untersuchung der Ursachen und Wirkungen der Konzentration muß sich aus den angeführten Gründen heraus neben den technischen und betriebswirtschaftlichen Bestimmungsgründen, die letztlich in der Konzentration eine „Methode zur Erhöhung der wirtschaftlichen Leistungsfähigkeit, sowohl der einzelnen Unternehmung wie der Wirtschaft im ganzen“ (2, S. 3), konstatieren, auch mit den entgegengesetzten Argumenten auseinandersetzen, zumal die gegenwärtige Diskussion über die Modifizierung des Kartellgesetzes und die Einführung einer präventiven Fusionskontrolle fast ausschließlich unter dem Gesichtspunkt des Wettbewerbs geführt wird. Technische und betriebswirtschaftliche Aspekte werden dabei in den Hintergrund gedrängt.

Ziel der vorliegenden Arbeit im ersten Teil ist es, alle formal genannten Bestimmungsgründe, die rational als Ursachen der Konzentration zu erfassen sind, auf ihre gemeinsamen Nenner — Kostensenkung je Einheit der Erzeugnisse bzw. Stabilisierung und Erhöhung des Preisniveaus — zurückzuführen. Zu diesem Zweck soll der Versuch unternommen werden, anhand eines neu entwickelten Kostenrechnungssystems die betriebswirtschaftlichen Wirkungen der Konzentration unter Berücksichtigung der neuesten Forschungsergebnisse der Betriebsgrößentheorie in den einzelnen Kosteneinflußgrößen eines Betriebes zu analysieren, um allgemeingültige Aussagen zu erhalten, von welchen Kosteneinflußgrößen unter bestimmten Bedingungen eine Konzentrationsneigung ausgeht, die quantitativ erfaßt werden müßte.

Im zweiten Teil der Arbeit sollen die Abhandlungen des theoretischen Teils der Arbeit empirisch an ausgewählten Konzentrationsfällen mehrerer Branchen überprüft werden. Dabei wird die Höhe der Gesamtkapitalrentabilität als Gradmesser einer erfolgreichen Konzentrationspolitik der untersuchten Unternehmen Aufschluß darüber geben, ob ein Zusammenhang zwischen Betriebsgröße und Gesamtkapitalrentabilität besteht. Die bisherigen Untersuchungen über die Abhängigkeit zwischen der Rentabilität von der Höhe der Erlöse der Unternehmen sind unzureichend, da letztere nichts darüber aussagen, welche konkreten Betriebsgrößen bei Vorhandensein eines breiten Produktionsprogramms sich dahinter verbergen. Weiterhin können die Werte der veröffentlichten Bilanzen und Gewinn- und Verlustrechnungen nicht ohne weiteres pauschal übernommen werden, da oft verschiedene Bewertungsmaßstäbe, hauptsächlich bei der Berechnung der Abschreibungen, angelegt werden. Schließlich muß jeder Interpretation der Ergebnisse — hier hauptsächlich bei internationalen Vergleichen — eine

Analyse der Preispolitik der untersuchten Unternehmen vorangehen, da hohe Gesamtkapitalrentabilitäten bei Vorhandensein einer entsprechenden Marktstellung bei bestimmten Produkten nicht unbedingt durch entsprechende Produktivitätsvorsprünge gegenüber kleineren Konkurrenten induziert worden sein können, sondern durch eine der Marktmacht entsprechende Preispolitik. Untersuchungen über die Entwicklung der Produktivität müssen daher die Ergebnisse aus den Rentabilitätsvergleichen ergänzen.

Im dritten Teil der Arbeit sollen aus den vorausgegangenen theoretischen und empirischen Analysen unter Berücksichtigung der wirtschaftlich-technischen Variablen eines wachsenden Unternehmens Schlußfolgerungen gezogen werden, unter welchen Bedingungen externes Wachstum durch Fusionen, Beteiligungen und Kooperationen gegenüber internem Wachstum vorzuziehen ist und wie diese betriebswirtschaftlich relevanten Bedingungen ihren Niederschlag in einem entsprechenden Kartell- und Fusionsgesetz finden müßten, wobei die volkswirtschaftliche Grundforderung — Erhaltung und Sicherung des Wettbewerbs — soweit wie möglich gewahrt bleiben soll.

Für die vielfältigen Anregungen und Hinweise möchte ich Herrn Professor Dr. Hermann Böhrs besonders danken. Diese Arbeit wäre ohne die grundlegenden Forschungen von ihm auf dem Gebiet des betrieblichen Funktionensystems in der vorliegenden Form nicht möglich gewesen.

Inhaltsverzeichnis

1 Einfluß der Kosten und Preise auf die Konzentration

1.1 Der Begriff der Konzentration

Die Vorstellungen darüber, was unter Konzentration zu verstehen ist, sind sehr heterogen.

Siegwart (3, S. 81) versteht unter Konzentration „eine Zusammenballung wirtschaftlicher Kräfte und damit verbunden gesteigerte wirtschaftliche Verfügungsmacht über Kapital, Produktionskapazität und Arbeitskraft".

Nach Lenel (4, S. 5) ist Konzentration dann gegeben, „wenn das Gewicht einzelner Pläne stärker als das durchschnittliche Gewicht aller Pläne wächst und dieses durchschnittliche Gewicht übersteigt". Mit dieser Definition hat Lenel die ursprüngliche Fassung der ersten Auflage erweitert, wonach Konzentration gegeben sei, „wenn die Zahl der Pläne, in welchen über den Wirtschaftsprozeß einer Verkehrswirtschaft entschieden wird, abnimmt" (4, S. 6). Der Grund für die Erweiterung der ersten Fassung liegt darin, daß Konzentration durchaus auch stattfinden kann, ohne daß die Zahl der Pläne zurückgehen muß, nämlich dann, wenn durch unterschiedliches internes Wachstum der Unternehmen sich eine Verschiebung der Größenstruktur ergibt.

Die wohl umfassendste Arbeit über den Begriff der wirtschaftlichen Konzentration stammt von Gunzert, der nach der Analyse des historischen Werdegangs der Konzentrationsbegriffe zu folgender Grunddefinition kommt: „Konzentration bezeichnet einen Prozeß im Zeitablauf, der sich als ein Wachstum des Leistungsanteils der oberen Betriebs- bzw. Unternehmensgrößenklassen gegenüber den kleineren Größenklassen manifestiert" (5, S. 95). Der Konzentrationsbegriff von Gunzert ist der mehr globalen Definition von Arndt (6, S. 7), der Konzentration als „Ballung ökonomischer Größen" ansieht, für diese Untersuchung vorzuziehen. Diese Grunddefinition wird nach Arten, Träger, Formen und Richtungen der Konzentrationsprozesse ergänzt. Nach der Art unterscheidet Gunzert (5, S. 95) zwischen Betriebskonzentration, Unternehmenskonzentration und Konzentration durch Kooperation, während er der Richtung nach zwischen vertikaler, horizontaler und diagonaler Konzentration differenziert, wobei als Erscheinungsformen Kartelle jeder Art, Absprachen, Fusionen und Beteiligungen sowie

Konzentration durch internes Wachstum genannt werden. Werden Unternehmen inkongruenter Art ohne produktionstechnischen Zusammenhang vereinigt, liegt nach Gunzert gemäß der Grunddefinition keine Konzentration vor; „es handelt sich vielmehr um finanzwirtschaftlich bedingte Kombinationen, denen der eigentliche Konzentrationscharakter abgeht" (5, S. 97).

Diese Einengung, die auf die Betrachtung einzelner relevanter Märkte abzielt, geht jedoch aus der Grunddefinition nicht eindeutig hervor. Eine solche Beschränkung hält Lenel (4, S. 13) angesichts der Bedeutung der Diversifikation für den Konzentrationsprozeß — hier vor allem ausgehend von amerikanischen Verhältnissen — nicht für angängig. Nach seiner Ansicht muß sowohl der Einfluß der Konzentration auf einzelne Märkte als auch ihr Einfluß auf die Beziehungen zwischen den Märkten und auf die Volkswirtschaft als Ganzes untersucht werden. Für die vorliegende Arbeit, die den Schwerpunkt auf die betriebswirtschaftliche Betrachtungsweise setzt, wird bei Konzentrationsfällen von Unternehmen mit ungleichartigem Produktionsprogramm dennoch die Wirkung auf die übrigen Betriebsbereiche zu untersuchen sein, da z. B. die Möglichkeit vorhanden ist, auch bei produktionstechnisch nicht verbundenen Produktgruppen Kostensenkungen im Absatzbereich zu verwirklichen. Der Konzentrationsbegriff von Gunzert soll deshalb bei der Untersuchung der Ursachen und Wirkungen der Betriebskonzentration auch auf die Bereiche Absatz, Entwicklung und Verwaltung erweitert werden, da eine freiwillige Beschränkung der Untersuchung auf Teilbereiche eines Betriebes letztlich auch nur zu Teilaussagen führen kann, die keine Allgemeingültigkeit besitzen und somit nur beschränkt aussagefähig sind.

1.2 Der Verlauf der Kosten in Abhängigkeit von der Unternehmens- und Betriebsgröße

1.2.1 Stand der gegenwärtigen theoretischen und empirischen Untersuchungen

Nach Gutenberg wird das Kostenniveau eines Betriebes durch fünf Hauptkosteneinflußgrößen (Faktorqualität, Faktorpreise, Beschäftigung, Betriebsgröße und Fertigungsprogramm) bestimmt (7, S. 335). Die Untersuchung der Abhängigkeit der Kosten von der Betriebsgröße kann jedoch nicht isoliert geschehen, da bei Betriebsgrößenvariationen die Interdependenzen zu den anderen Kostendeterminanten berücksichtigt werden müssen. Das Problem der optimalen Betriebsgröße, die „als solche eine der Ursachen der Konzentration" (5, S. 89) ist, führt von der Betrachtung der Kostenentwicklung her zwangsläufig zu differenzierteren Analysen der Kosteneinflußgrößen eines Betriebes, als es bisher bei theoretischen und empirischen Untersuchungen geschehen ist.

Durch die Ausrichtung auf die marginale Betrachtungsweise ist die Kostentheorie und die von ihr abgeleitete Grenzkostenrechnung in eine bestimmte Blickrichtung gelenkt worden, die für die Beantwortung bestimmter Probleme durchaus sinnvoll ist, jedoch nicht für alle Zwecke ausreicht. Daran ändert auch nichts, daß die Grenzkostenrechnung mit Hilfe mathematischer Optimierungsmethoden zu Entscheidungsmodellen ausgebaut werden kann, aus denen bei vorgegebener Zielgröße, wie z. B. Erzielung maximalen Gewinns, die optimale Lösung abgeleitet wird. Nur allzu oft handelt es sich hier um mathematische Leergebäude, da die gesetzten Prämissen nicht der betrieblichen Wirklichkeit standhalten. Die Auseinandersetzungen in der betriebswirtschaftlichen Literatur zur Kostentheorie über die Gültigkeit der s-förmigen oder linearen Kostenkurve und auf dem Gebiet der Kostenrechnung über die Zweckmäßigkeit der Grenz- oder Vollkostenrechnung führte letztlich an den Problemen vorbei, da — jeweils ausgehend vom Spezialfall — keine allgemeingültigen Aussagen gemacht werden können.

Die in der Literatur behandelten Modelle der kostenminimalen und optimalen Betriebsgröße sind Erklärungsmodelle für den Verlauf des Wachstumsprozesses. Sowohl im produktionswirtschaftlich orientierten Modell der kostenminimalen Betriebsgröße als auch im Totalmodell der optimalen Betriebsgröße spielt die Frage der Kostenprogression der Kosten je Einheit bzw. der Grenzkosten von einem bestimmten Punkt an die entscheidende Rolle. Die Kostenprogression wird meist mit Organisationsschwierigkeiten, erhöhtem Verwaltungsaufwand, der Begrenztheit des dispositiven Faktors oder zunehmendem Marktwiderstand erklärt. Diese pauschalen Argumente stehen in einem gewissen Widerspruch zur Wirklichkeit, wo selbst von den größten Unternehmen immer wieder der Zwang zum weiteren Wachstum hervorgehoben wird, ohne eine absolute Begrenzung der personellen und technischen Kapazitäten zu nennen, von der an eine Erweiterung aus Gründen der Kostenprogression nicht für sinnvoll gehalten wird. Auch ist bisher nicht bekannt geworden, daß selbst die größten Konzerne, wie z. B. Siemens und General Motors mit Beschäftigtenzahlen von je 300 000 und 800 000 Mitarbeitern aus obengenannten Gründen auf weiteres Wachstum verzichten wollen.

So ist sowohl die These, daß ab einem bestimmten Punkt die Kostendegression in eine Kostenprogression umschlägt, als auch die Antithese, die für zunehmende Unternehmensgrößen eine fortlaufende Kostendegression unterstellt, bisher nicht durch breit angelegte empirische Untersuchungen bestätigt worden.

Aus Darstellung 1 . . . 5 (7, S. 327 ff.) gehen die Kostenverläufe in Abhängigkeit von der Produktmenge hervor, die formal überhaupt

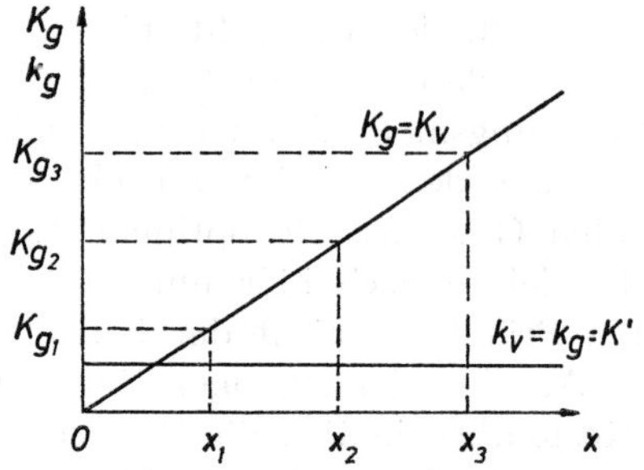

Darst. 1

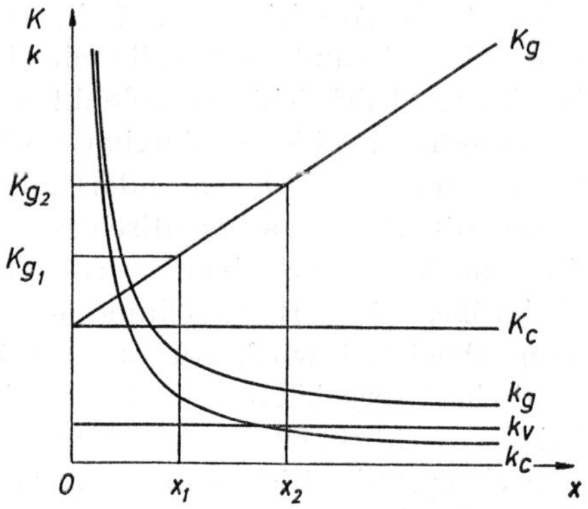

Darst. 2

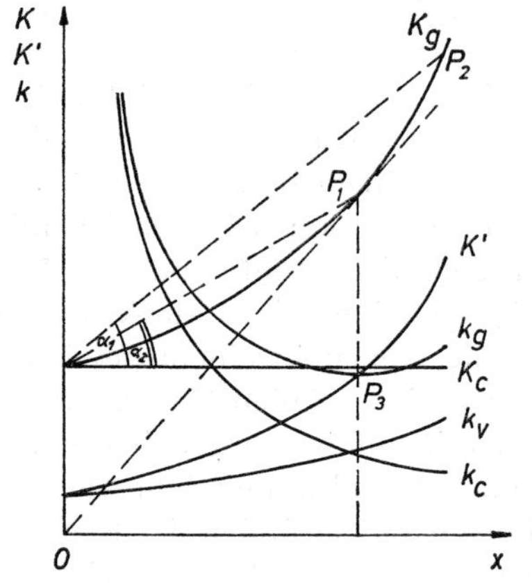

Darst. 3

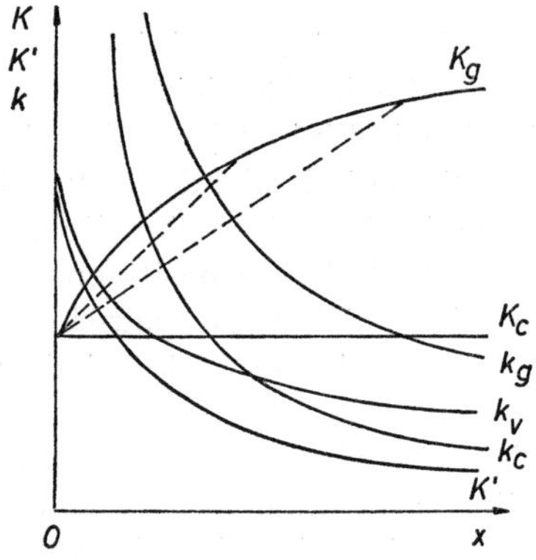

Darst. 4

möglich sind. Bei Änderung der Betriebsgröße durch mutative Kapazitätserweiterung nimmt Gutenberg abweichend von der in der Literatur herrschenden Ansicht eine Kostenkurve mit ständig sinkenden Stückkosten an, die kein Minimum hat (7, S. 422). Dieser Verlauf entspricht dem Kostenverlauf in Darstellung 4. Aus Darstellung 6 und 7 geht die Entstehung dieser Kostenkurven *S* (Gesamtkostenkurve) und *s* (Stück-

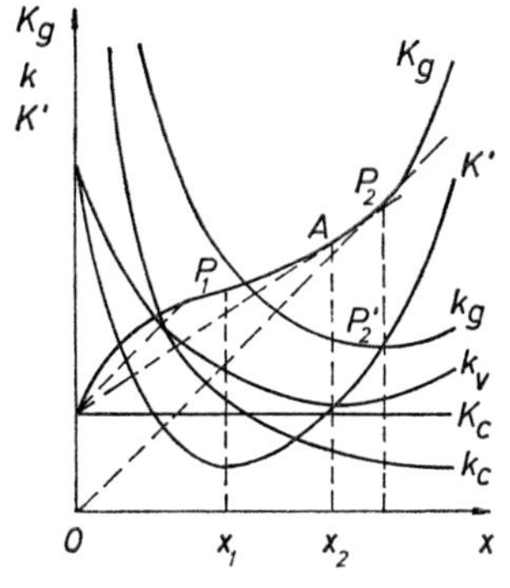

Darst. 5

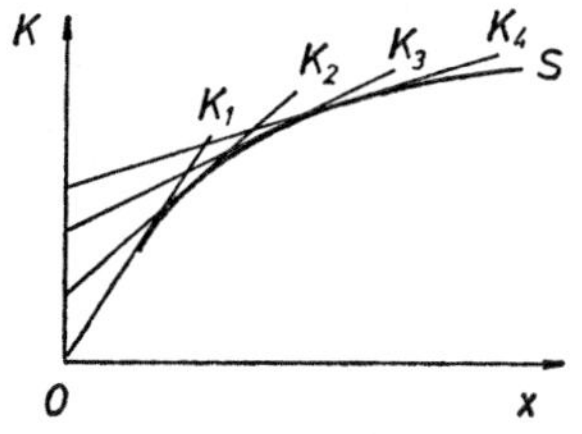

Darst. 6

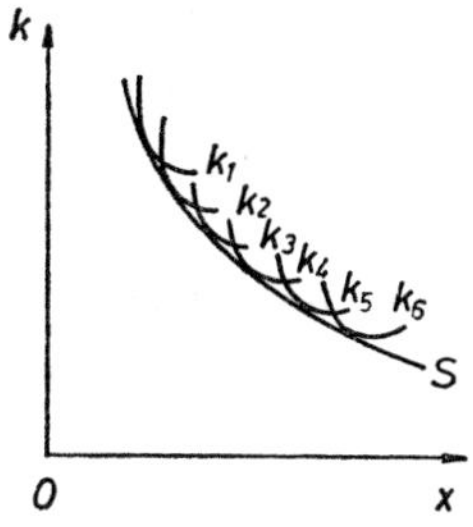

Darst. 7

kostenkurve) bei langfristiger Anpassung (long-run-cost-curves) durch den jeweiligen Einsatz der technisch günstigsten Verfahren hervor. Durch arbeitsorganisatorische und verfahrenstechnische Variation, die kontinuierlich verlaufen soll, erhält man nach Gutenberg die Kostenkurven S und s, die die Enveloppen der Schnittpunkte der jeweils realisierten Kostenkurven darstellen (7, S. 422).

Stößt jedoch der Betrieb trotz fortlaufend kostengünstiger arbeitender Verfahren an seine marktliche Grenze, läßt sich die zunehmende Produktmenge nur mit erhöhtem Aufwand für Werbung, Produktgestaltung und Vertriebsorganisation absetzen. Somit müssen die durchschnittlichen Vertriebskosten nach Erreichen eines gewissen Optimums wieder ansteigen. In diesem Totalmodell der optimalen Betriebsgröße würde der Betrieb gemäß Darstellung 8 nicht die Menge x_2 (minimale

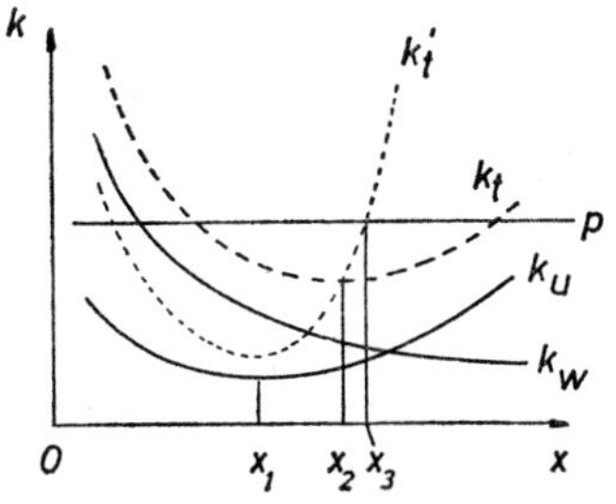

Darst. 8

Stückkosten) ausbringen, sondern die Menge x_3, weil er bei dieser Ausbringung sein Gewinnmaximum realisiert (7, S. 428). Sämtliche Kostenkurven der Darstellungen 1 ... 8 gelten streng genommen nur für den Einproduktbetrieb, so daß sie für Betriebe mit einer Vielzahl von Produktgruppen nur beschränkt aussagefähig sind.

Die Zahl empirischer Untersuchungen über den Verlauf der Kostenkurven ist äußerst gering. Stark beachtet in der Literatur wurde die Kostenanalyse von Yntema, der für den Zeitraum von 1927—1938 anhand des kostenstatistischen Materials der United States Steel Corporation mit Hilfe der modernsten statistischen Methoden aus den vorhandenen Istkosten eine bereinigte Kostenkurve entwickelte, die weitgehend linear verläuft. Darstellung 9 zeigt die Kostenfunktion der Analyse (7, S. 379).

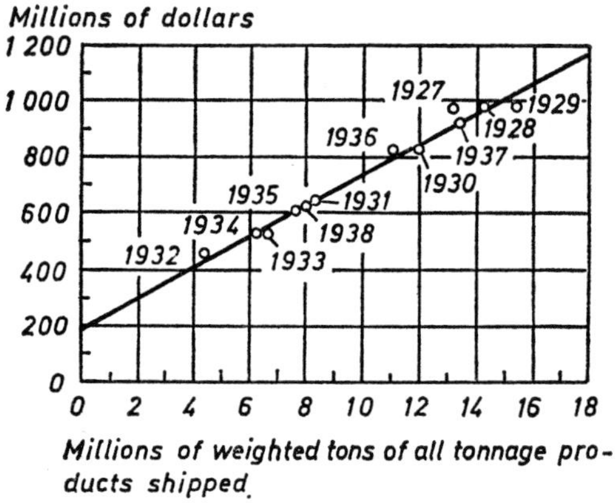

Darst. 9

Aus Darstellung 9 erkennt man, daß die Abhängigkeit der Gesamtkosten von der t-Zahl als unabhängige Variable praktisch als Abhängigkeit vom Nutzungsgrad interpretiert werden muß, da die Ausgangsjahre 1927—29 die vorhandene Gesamtkapazität widerspiegeln und in den danach folgenden Perioden starke Schwankungen auftraten. Der Nutzungsgrad f schwankt zwischen 0,18 und 0,9. Das tatsächliche Versandgewicht lag bei 3,97 Mio. Tonnen für 1932 und 15,32 Mio. Tonnen für 1929 (8, S. 61).

Auch die in der Literatur stark beachteten Kostenuntersuchungen von Dean, die ebenfalls bei unveränderter Betriebsgröße zu einem linearen Kostenverlauf bei Nutzungsgradänderungen führten, werden von Gutenberg als Beweis für die These eines linearen Verlaufs der Gesamtkostenkurve herangezogen (7, S. 379).

Erst in neuerer Zeit wurde die Problematik der amerikanischen Untersuchungen von Weber erkannt, der nach einer Neubewertung der genannten Studien zu dem Schluß kommt, daß diese abgeleiteten Kostenfunktionen „betriebswirtschaftlich wenig aussagefähig sind" und nicht zur Stützung der These vom linearen Verlauf der Gesamtkostenkurve herangezogen werden können (8, S. 74). Sehr problematisch ist nach Weber bei der Yntema-Untersuchung die Wahl des Untersuchungsobjekts, da zur U.S. Steel Corporation in der Untersuchungszeit auch Zementwerke und nichteisenerzeugende Betriebe gehörten. Das gesamte Produktionsprogramm der U.S.S.C. umfaßte ca. 50 000 Produkte.

Der Verzicht auf Teilanalysen, die sich bei solch einer Produktionsstruktur geradezu aufdrängten, muß als äußerst problematisch bezeichnet werden. Der Grund für diesen Verzicht lag an den speziell gelagerten Interessen des Temporary National Economic Committee des amerikanischen Kongress, das nicht an Einzeldaten, sondern an Angaben über den Gesamtkostenverlauf interessiert war und in der Schwierigkeit einer adäquaten Behandlung der Kostenumlagen (8, S. 59). Auch die Transformation der tatsächlichen Versandgewichte mit Hilfe von Äquivalenzziffern auf eine einheitliche Bezugsgröße ist nach Weber äußerst problematisch, da die Äquivalenzziffern auf der Basis der Herstellkosten bereits eine Interdependenz zwischen der Bezugsgröße und den zu untersuchenden Kosten herstellen (8, S. 69). Schließlich muß bei der Beurteilung der Yntema-Studie berücksichtigt werden, daß nur ca. 60 % der gesamten Fixkosten und 90 % der variablen Kosten mit Indexrechnungen bereinigt wurden (8, S. 70).

Für die Wahl des Untersuchungsobjekts stellt Weber folgende Forderung auf: „Generell sind produktionstechnisch einfach gelagerte Betriebe für Kostenuntersuchungen am besten geeignet. Die geringsten mengentechnischen Probleme würden sich offensichtlich bei Einproduktbetrieben ergeben. Diese Idealsituation findet sich aber kaum jemals. Selbst bei rein wissenschaftlich orientierten Studien muß das Untersuchungsobjekt wohl immer aus einer Reihe von Mehrproduktbetrieben ausgewählt werden. In diesem Fall ist zunächst darauf zu achten, daß Betriebe mit möglichst homogener Produktion ausgewählt werden. Je kleiner die Zahl der Produkte, um so eher können adäquate — möglicherweise durch Äquivalenzziffern bereinigte — „Größen zur Produktionsmessung festgelegt werden" (8, S. 52).

Erst in jüngster Zeit ist eine Untersuchung der Kostenentwicklung eines wachsenden Betriebes von Böhrs bekannt geworden, die die oben genannten Grundforderungen Webers voll erfüllt. Das untersuchte Unternehmen, das seine Jahresmenge von 1952 ... 1964 durch rein internes Wachstum um mehr als das 14fache gesteigert hat, kann praktisch als Einproduktbetrieb deklariert werden, da die einzelnen wenigen Produkttypen sich nur durch geringfügige Unterschiede auszeichneten, die durch Äquivalenzziffern auf einen einheitlichen Mengenbegriff transformiert werden konnten. Darstellung 10 zeigt den

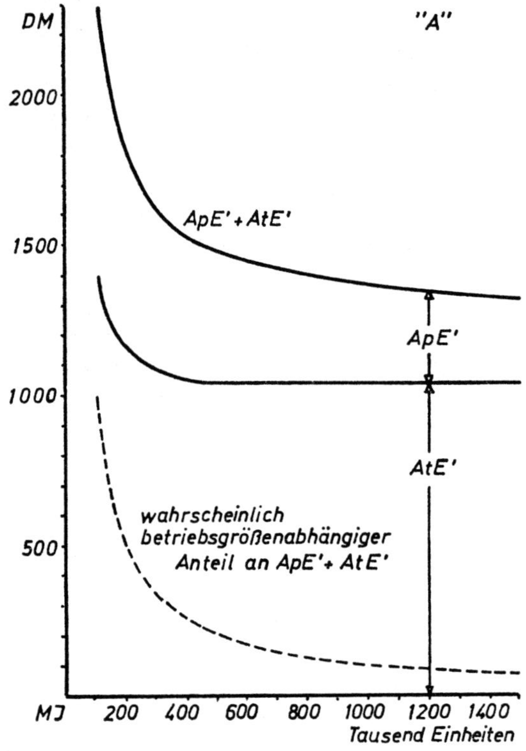

Darst. 10

degressiven Verlauf der überlagerten Kurven des personellen und technischen Aufwands je Einheit, wobei die Stoffe als durchlaufender Posten eliminiert wurden (9, S. 25). Diese Untersuchung ist praktisch die einzige bisher veröffentlichte Arbeit, aus der der wahrscheinliche Einfluß der Betriebsgröße auf die Höhe des technischen und personellen Aufwands je Einheit der Erzeugnisse hervorgeht.

Es ist zu vermuten, daß bei Berücksichtigung der laufenden Qualitätsverbesserung der Produkte in den bereinigten Ausgangsdaten die Degression noch stärker ausgefallen wäre, die aber hier schon deutlich zum Ausdruck bringt, daß für dieses Unternehmen in keiner Phase der raschen Expansion auch nur eine vorübergehende Kostenprogression eingetreten ist.

Inwieweit aus dieser Untersuchung Rückschlüsse auf die Kostenentwicklung von Unternehmen mit zahlreichen Produktgruppen gezogen werden können, die sowohl durch internes als auch durch externes Wachstum laufend ihre Unternehmens- und Betriebsgröße nach oben verschieben, ist erst nach der Analyse des theoretischen Teils der Arbeit möglich. Von besonderer Bedeutung wird die Klärung der Frage sein, unter welchen Bedingungen sich Kostenersparnisse im Rahmen der Betriebsgrößenerweiterung — in der anglo-amerikanischen Literatur mit „economies of scale" oder „economies of size" bezeichnet — ergeben und in welchen Kosteneinflußgrößen des Betriebes sie zu erzielen sind.

1.2.2 Begründung der Notwendigkeit einer differenzierten Kostenbetrachtung bei zwischenbetrieblichen Untersuchungen

Für die theoretische Analyse der Kostenstruktur unterschiedlicher Unternehmens- und Betriebsgrößen mit ähnlichen Produktionsprogrammen reicht das herkömmliche Instrumentarium der Trennung der Gesamtkosten in einen variablen und einen fixen Teil nicht aus, da hieraus nicht hervorgeht, wie die Kosten in den einzelnen Funktionsbereichen eines Betriebes bei Variation der Betriebsgröße verlaufen. Theoretisch denkbar wäre die Möglichkeit, daß sich Kostenprogressionen in einigen Bereichen mit Kostendegressionen in anderen Bereichen kompensieren würden. Mit den bisher entwickelten Voll- und Teilkostenrechnungssystemen konnten die gesamten Aufwendungen eines Betriebes zwar erfaßt werden, doch die anschließende Verrechnung auf die Leistungen ist mit einer sehr großen Problematik behaftet gewesen.

Der Grund für diese Entwicklung ist darin zu suchen, daß es bisher noch nicht gelungen ist, die gesamten Kosten des Betriebes in Kosteneinflußgrößen aufzuspalten, die mit jeweils einer einheitlichen Maßgröße in Beziehung stehen. Heinen hat als Voraussetzung einer richtigen Kostenzurechnung auf die Leistungen gefordert, daß „der Betrieb nach Bereichen einheitlicher Teilfunktionen gegliedert" werden muß, „um gleiche Merkmale der Kostenverursachung in den Maßgrößen, die für die Erfassung, Verteilung und Zurechnung Verwendung finden, zu vereinigen" (10, S. 17/27).

Dieser Forderung Heinens wird ein neues Kostenrechnungssystem gerecht, das von Böhrs auf der Grundlage eines Systems von Funktionen — die zeitlos, unabhängig von der technischen Entwicklung, Branche und der Betriebsgröße sind — entwickelt wurde. Wie die Funktionen erfüllt werden, die als relativ selbständige Aufgaben nur einem ganz bestimmten Zweck dienen, hängt allerdings von der technischen, organisatorischen und arbeitsmethodischen Entwicklung ab (11, S. 10/12).

Unmittelbare Funktionen

Nutzungszeit- und nutzungsgradabhängige Funktionen der Herstellung (NNK)

F 406 Produkte herstellen
F 407 Produkte verpacken

Stoffbeschaffungsfunktionen (SBK)

F 402 Stoffe beschaffen
- F 402a Angebote einholen und Bestellungen erteilen
- F 402b Wareneingang erfassen und prüfen
- F 402c Lieferantenrechnungen buchen
- F 402e Lieferantenrechnungen bezahlen

Fertigungsauftragsabhängige Funktionen der Büros (FAK 1)

F 401 Materialbedarf ermitteln
F 403 Arbeitsbelastung ermitteln
F 404 Kundenaufträge zu Produktionsaufträgen umordnen
F 405 Auftragsausführung terminlich bestimmen

Entwicklungsfunktionen (EEK 1)

F 201 Probleme der Produkte erforschen
F 202 Produkte produktionsreif gestalten
F 203 Verbesserte und neue Produkte erproben
F 204 Eigene und fremde Schutzrechte wahren

Absatzvolumenabhängige Funktionen (AVK)

F 301 Markt erforschen
F 302 Absatz planen
F 304 Kunden gewinnen und erhalten
F 305 Angebote ausarbeiten

Marktabhängige Funktion (MAK)

F 303 Werben

Mittelbare Funktionen, die in der Regel allen anderen Funktionen dienen

Personalleitung und Personalverwaltung (IPK)

F 900a Leitung der Bereiche und deren Gliederungen
F 110 Personal beschaffen
F 111 Personal ausbilden
F 112 Personal entlohnen
F 113 Personal verwalten

Raumbereitstellung (RK)

F 105 Bauliche Betriebsanlagen gestalten
F 106 Bauliche Betriebsanlagen erstellen
F 108a Betriebsräume erhalten

Energieversorgung (StK)

F 109 Betrieb mit Energie versorgen

Mittelbare Funktionen, die andern Funktionen nach Bedarf dienen

Arbeitsgestaltung (AGK)

F 101 Betrieb organisieren
F 102 Arbeitsmethoden gestalten
F 103 Technische Verfahren auswählen oder entwickeln
F 104 Methoden und Verfahren kalkulieren

Technische Anlagenkosten (TAK)

F 107 Technische Betriebsmittel erstellen
F 108b Betriebsmittel erhalten

Kundenauftragsabhängige Funktionen (KAK)

F 306 Aufträge abschließen und bestätigen
F 307 Aufträge zur Abwicklung einleiten
F 408 Lieferscheine und Versandpapiere erstellen
F 409 Produkte versenden
F 410 Kundenrechnungen erstellen
F 411 Kundenrechnungen buchen
F 412 Kundenrechnungen statistisch erfassen
F 413 Zahlungen buchen
F 414 Zahlungen gegebenenfalls anmahnen

Zentralverwaltungsfunktionen (ZVK)

F 900b Unternehmerische und Geschäftsleitungsfunktionen
F 501 Betriebsaufbau und Betriebsablauf finanzieren
F 502 Geschäftsbuch führen und Bilanz erstellen
F 503 Betriebsabrechnung erstellen
F 114 Betriebszugang kontrollieren

Nachrichtendienste (NDK)

F 115 Nachrichten empfangen und weiterleiten

Rechtsberatung (RBK)

F 601 Rechtsfragen beraten

Bürohilfsdienste (BHK)

F 602 Schreiben nach Ansage oder Vorlage
F 603 Rechnen nach gestellten Aufgaben
F 604 Registrieren nach Vorschrift
F 605 Postsendungen fertigmachen
F 608 Übersetzen aus und in fremde Sprachen
F 609 Leitungshilfe

Transportieren und Lagern (TLK)

F 606 Transportieren jeglicher Art
F 607 Lagern jeglicher Art

Darst. 11

Durch die Zusammenfassung der Kosten der Funktionen zu 8 Kostenblöcken wird die Voraussetzung geschaffen, zwischenbetriebliche Kostenvergleiche mit differenzierter Kostenbetrachtung der einzelnen Betriebsbereiche durchzuführen, um so die Kostendisparitäten zwischen Betrieben unterschiedlicher Größe unter Beachtung gewisser Nebenbedingungen erfassen zu können.

Darstellung 11 zeigt das System der innerbetrieblichen Funktionen, deren Zusammenfassung zu Kosteneinflußgrößen aus Darstellung 12 hervorgeht (12, S. 20 ff.).

Während naturgemäß das Schwergewicht in der Untersuchung des Einflusses auf die Ursachen und Wirkungen der Konzentration bei den Kosten der unmittelbaren Funktionen liegen wird, sollen dennoch die Kosten der mittelbaren Funktionen, die nach dem Verursachungsprinzip auf die Kostenblöcke der unmittelbaren Funktionskosten verrechnet werden, adäquat behandelt werden.

Die acht Kostenblöcke der funktionalen Kostenkalkulation

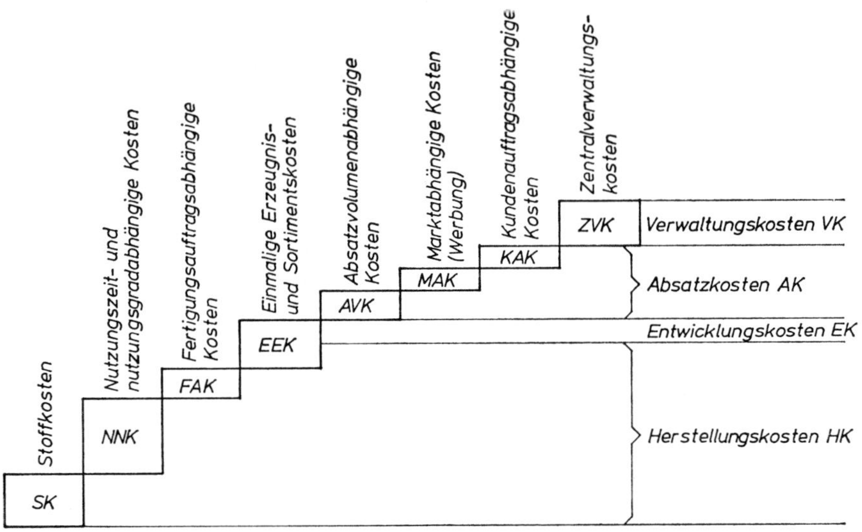

Darst. 12

Durch die scharfe Trennung zwischen Betrieb und Unternehmung trennt Böhrs folgerichtig auch die unternehmerischen Funktionen — die praktisch Funktionen darstellen, die über die Existenz des Betriebes als Ganzes entscheiden — von den innerbetrieblichen Funktionen. Von den 7 unternehmerischen Funktionen werden besonders die Funktionen

04 Bereitstellen des zur Erfüllung der Betriebszwecke erforderlichen Kapitals
und
06 Entscheiden über die Verwendung entstandener Gewinne und die Deckung etwaiger Verluste (13, S. 41)

für die vorliegende Arbeit von Interesse sein, da häufig auf den Einfluß der finanziellen Sphäre bei Konzentrationen hingewiesen wird, ohne eine absolute Begrenzung anzugeben, von der an die daraus entstehenden Kostenvorteile durch bessere Finanzierungskonditionen gegen Null gehen.

Mit Hilfe des geschlossenen Funktionssystems von Böhrs ist der Ansatz gegeben, die mit Konzentrationsvorgängen untrennbar verbundenen Wachstumsverläufe bei Änderung der Betriebs- und Unternehmensgröße zu untersuchen.

Es wird sich zeigen, inwieweit dieses System in der Lage ist, die Schwächen bisheriger Modelle zu überbrücken, die weder theoretisch noch empirisch zur Erklärung des Wachstumsverlaufs der Unternehmen in einem umfassenden Sinn beitragen konnten. Vielfach blieb es nur bei Partialanalysen. Den „bisher vorliegenden formalen Totalmodellen des Unternehmenswachstums ist gemeinsam, daß sie viel zu abstrakt sind und kaum zur Erklärung des Wachstumsverlaufs, geschweige denn als Entscheidungshilfe beim Unternehmenswachstum dienen können. Um pragmatisch relevante Aussagen machen zu können, darf nicht etwa nur von einem Teilbereich (zum Beispiel der Investition) in der Untersuchung ausgegangen werden. Es ist vielmehr ein Ansatz zu suchen, welcher die gesamte Struktur der Unternehmung erfaßt" (14, S. 415).

Durch die Eigenschaften der Zeitlosigkeit und der Unabhängigkeit von der Betriebsgröße eignet sich das System der innerbetrieblichen und unternehmerischen Funktionen von Böhrs vor allem auch für empirische Untersuchungen. Während zwischen den bisherigen kostentheoretischen Modellen und den empirischen Kostenuntersuchungen nach Weber (8, S. 51) vor allem zwei unüberbrückbare Gegensätze bestehen, die darin liegen, daß bei empirischen Untersuchungen nie mit Alternativkosten, sondern immer mit Sukzessivkosten gearbeitet wird, die ihrerseits nicht auf einer Minimalkostenkombination beruhen, und die empirischen Kostenuntersuchungen nicht alle theoretisch denkbaren Kostenstrukturen erfassen, erlaubt es das stark dfferenzierte funktionale Kostenrechnungssystem mit seinen Kosteneinflußgrößen durchaus, bei Betriebsvergleichen mit Alternativkosten zu rechnen und neue Kostenstrukturen in den einzelnen Betriebsbereichen gewissermaßen zu „konstruieren".

Voraussetzung für die Konstruktion neuer Kostenstrukturen, die meist nur über eine Veränderung der Betriebs- und Unternehmensgrößen zu verwirklichen sind, ist eine genaue Analyse der Produktions- und Verkaufsprogramme der zu untersuchenden Unternehmen. Diese Einflußgröße, die praktisch die Ausgangsbasis für die Jahressollkosten in den einzelnen Betriebsbereichen darstellt, wird bei vielen theoretischen und empirischen Untersuchungen über die Effektivität unterschiedlicher Unternehmen und Betriebsgrößen nicht berücksichtigt, so daß die Aussagefähigkeit solcher Analysen schon von vornherein erheblich herabgesetzt wird.

1.2.3 Mögliche Verlaufsformen der Kosten bei Konzentrationsvorgängen in den einzelnen Betriebsbereichen

1.2.3.1 Der Verlauf der Kosten im Herstellbereich

Aus Darstellung 12 geht hervor, daß zum Herstellbereich die Kostenblöcke

SK Stoffkosten

NNK Nutzungszeit- und nutzungsgradabhängige Kosten

FAK Fertigungsauftragsabhängige Kosten

und ein Teil der EEK — Einmalige Erzeugnis- und Sortimentskosten — gehören. Hier handelt es sich hauptsächlich um Kosten für erzeugnisgebundene Betriebs- und Arbeitsmittel, wie z. B. die Kosten für Modelle Formen, Gesenke und spezielle Vorrichtungen, die als EEK 2 bezeichnet werden sollen.

1.2.3.1.1 Die Stoffkosten

Die Stoffkosten SK werden bei fixiertem Produktionsprogramm eines Unternehmens grundsätzlich in weiten Bereichen linear verlaufen. Eine Senkung der Stoffkosten je Einheit der Erzeugnisse durch Ausweitung der Produktion ist nur dann möglich, wenn

1. durch neue technische Verfahren der Stoffmengeneinsatz je Einheit verringert wird und
2. der Stoffpreis durch Abnahme größerer Mengen von den Vorlieferanten reduziert werden kann.

Meist spricht bei Konzentrationsvorgängen die zweite Möglichkeit der Stoffkostenbeeinflussung über den Preis eine größere Rolle. Danach würde der Verlauf der Stoffkosten ab einer bestimmten Unternehmensgröße eine andere Steigung aufweisen. Charakterisiert man unterschiedliche Unternehmens- und Betriebsgrößen in den folgenden Darstellung mit der jeweiligen Jahresmenge MJ, so ergibt sich bei einer Stoffpreissenkung ein Kostenverlauf, der aus Darstellung 13 hervorgeht. Schließen sich zwei bisher selbständig operierende Unternehmen, die jeweils die Mengen MJ_1 herstellen und absetzen, zusammen, so werden sie nicht immer sofort die neue Stoffkostenkurve SKJ_{II} verwirklichen können, weil in sehr vielen Fällen die Preise der Vorlieferanten nicht transparent sind. Es wird also immer sehr harter Verhandlungen seitens der Einkaufsabteilung bedürfen, um bessere Konditionen durchzusetzen. Anders liegt der Fall, wenn ein Unternehmen, das bereits die Stoffkostenkurve SKJ_{II} verwirklicht hat, eine Kooperation oder Fusion mit einem kleineren Unternehmen, das auf der Stoffkostenkurve SKJ_I operiert, eingeht. Hier wird man unterstellen kön-

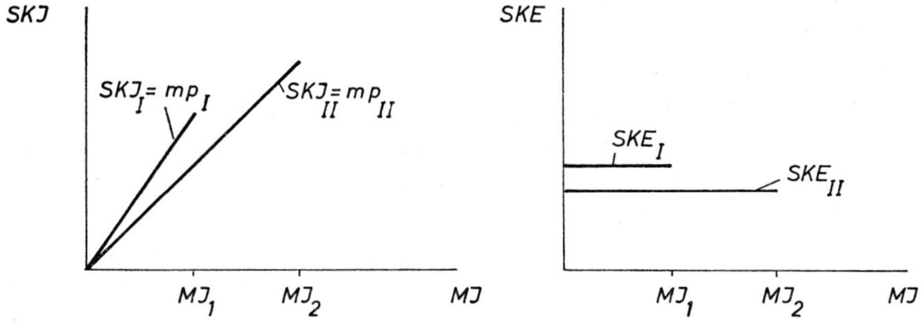

Darst. 13

nen, daß nach Auslaufen der bisherigen Einkaufsverträge des Unternehmens I sofort die Stoffkosten je Einheit der Erzeugnisse von SKE_{I} auf SKE_{II} fallen.

In der Diskussion über die Wirkung dieser Konzentrationsursache auf die Stofflieferanten, die aufgrund einer vergrößerten Einkaufsmacht ihrer Abnehmer unter Preisdruck stehen, sollte man nicht außer acht lassen, daß unter bestimmten Voraussetzungen dieser Preisdruck gerechtfertigt ist. Das wird dann der Fall sein, wenn z. B. die bisherigen Produktionsprogramme zweier Unternehmen nach dem Konzentrationsvorgang bereinigt werden, so daß auch die Zahl der Typenvielfalt bei den Vorlieferanten sinkt. Durch diese Maßnahme wird es für den Vorlieferanten möglich sein, auf einer ganz anderen Kostenkurve zu operieren als vorher. Somit muß nicht notwendigerweise eine Erhöhung der Gesamtkapitalrendite des Unternehmens mit einer relativ großen Einkaufsmacht zur Reduzierung der Kapitalrendite des Stofflieferanten führen. Eine größere Einkaufsmacht eines Unternehmens führt also nur unter ganz spezifischen Bedingungen des Produktionsprogramms zu einer größeren volkswirtschaftlichen Effektivität des Kapitaleinsatzes der vom Konzentrationsprozeß betroffenen Branchen, wobei es hauptsächlich auf die variablen Stoffkosten ankommt.

Die variablen Stoffkosten je Periode SKJ_v des Unternehmens I ergeben sich wie folgt:

$$(1) \qquad (SM_{k1}, SM_{k2} \ldots SM_{km}) \begin{pmatrix} p_1 \\ p_2 \\ . \\ . \\ pm \end{pmatrix} = SKJ_{v\text{I}}$$

SM_{k1} = Stoffmenge der Stoffkategorie 1
p_1 = Preis der Stoffkategorie 1

Zu diesen variablen Stoffkosten kommen noch bestimmte Fixkostenanteile der Funktionen

402 Stoffe beschaffen und

607 Lagern jeglicher Art.

Kostensenkungsmöglichkeiten werden sich bei Konzentrationsvorgängen auch bei den fixen Stoffkosten ergeben, da die Möglichkeit eines zentralen Einkaufs und zentraler Lagerung Rationalisierungsmöglichkeiten bieten. Die Verwirklichung dieser Maßnahmen beansprucht in der Regel jedoch einen sehr langen Zeitraum, da meist erst die nach dem Konzentrationsvorgang gemeinsam durchgeführten Neuinvestitionen die Möglichkeit bieten, diese Kostensenkungsmöglichkeiten zu nutzen.

Setzen sich die variablen Stoffkosten des Unternehmens II aus

(2) $$\left(SM^*_{k1},\ SM^*_{k2}\ \ldots\ SM^*_{kn}\right)\begin{pmatrix} p_1 \\ p_2 \\ \cdot \\ \cdot \\ pn \end{pmatrix} = SKJ_{vII}$$

zusammen, so läßt sich generell sagen, daß sich Kostensenkungen infolge Preisreduktion nur verwirklichen lassen, wenn die Nebenbedingung für einige Elemente

(3) $$SK^* \ \hat{=}\ SK$$

$$SK^*, SK = \text{Stoffkategorien}$$

erfüllt ist. Nur unter dieser spezifischen Bedingung läßt sich die Gesamtkapitalrendite des eingesetzten Kapitals bei konstanten Preisen der Erzeugnisse des eigenen Produktionsprogramms erhöhen.

Für die Quantifizierung der Kostensenkungsmöglichkeiten bei Konzentrationsvorgängen soll in den einzelnen Kosteneinflußgrößen stets davon ausgegangen werden, daß die Produktivitätssteigerung nicht zu einer Veränderung der Verkaufspreise der Erzeugnisse führt, sondern die Auswirkungen auf die Kapitalrendite des gesamten eingesetzten Kapitals sind zu berechnen.

Will man die Konzentrationsneigung erfassen, die von den einzelnen Kosteneinflußgrößen ausgeht, so ist als Maß für die Konzentrationsneigung das Verhältnis der Zusatzrentabilität zur Ausgangsrentabilität eine geeignete Größe, die auch für die Praxis als Entscheidungshilfe von Bedeutung sein wird.

(5) $$\text{Kn} = \frac{\Delta\,\text{GR}}{\text{GR}}$$

Kn = Konzentrationsneigung
Δ GR = Zusatzrentabilität infolge Produktivitätssteigerung durch Kostensenkung

Von einer merklichen Konzentrationsneigung wird man erst dann sprechen können, wenn Kn einen bestimmten Schwellenwert n erreicht.

Die Konzentrationsneigung, die von der Kosteneinflußgröße des Stoffbereichs ausgeht, dürfte für die einzelnen Unternehmen je nach Branche und bereits erreichter Kostenstruktur sehr unterschiedlich ausfallen. Sie wird bei Unternehmen, deren Stoffeinsatz aus homogenen Massengütern, wie z. B. Erze und Kohle, besteht, von minimalen Werten aus tendenziell mit den sich bietenden Möglichkeiten zur Bereinigung der Produktionsprogramme ansteigen.

Bei speziell gelagerten Produktionsprogrammen mit einer relativ großen Häufigkeit der Stoffkategorienidentität nach Gleichung 3 wird die größte Konzentrationsneigung Kn_{st} des Stoffbereiches vorliegen. Ab einer bestimmten Menge MJ, oberhalb der die Stofflieferanten weder durch Anwendung anderer Verfahren und Methoden noch durch Hinausschieben der Losgröße in Richtung der technisch-maximalen Losgröße Kostensenkungen verwirklichen können, fällt Kn_{st} auf Null ab. Inwieweit Gesichtspunkte des Marktes schon vorher eine Ausnutzung potentiell vorhandener Kostensenkungsmöglichkeiten im Stoffbereich verbieten, muß von Fall zu Fall individuell entschieden werden.

1.2.3.1.2 Die nutzungszeit- und nutzungsgradabhängigen Kosten *NNK*

Die *NNK*, die den überragenden Anteil der Fertigungskosten darstellen, stehen bei angestrebten Rationalisierungserfolgen durch Konzentrationsprozesse zusammen mit den fertigungsauftragsabhängigen Kosten meist im Mittelpunkt des Interesses. Weitgehend ist die Ursache für die zentrale Bedeutung dieser beiden Kostenblöcke in vielen Branchen in der Entwicklung des technischen Fortschritts zu suchen, dessen Wirkungen sich dahingehend äußern, daß neben dem Entstehen neuer Methoden und Verfahren — deren Verwirklichung unter der Bedingung der kostenminimalen Produktion von Gütern sowohl mit größeren als auch kleineren Mengen je Aggregat bzw. Aggregatgruppe gegenüber dem bisherigen Technologieniveau zu realisieren ist — die bisherigen Verfahren in immer größeren Aggregatdimensionen durchgeführt werden. Dies trifft hauptsächlich für kontinuierliche Prozesse der Massengüterfertigung zu.

Eine weitere Auswirkung des technischen Fortschritts spiegelt sich in der ständig zunehmenden Geschwindigkeit der verschiedensten Prozeßabläufe wider, die in der Regel zu einer Kostensenkung führen.

Es stellt sich daher die Aufgabe, allgemeingültige Zusammenhänge zwischen den oben genannten konkreten Auswirkungen des technischen Fortschritts und der Wirtschaftskonzentration zu entwickeln. Nach Riester (15, S. 322) „ist es schwer, Ursachen der wirtschaftlichen Konzentration eindeutig zu erkennen und ihr Gewicht im einzelnen oder allgemeinen festzustellen. Bei einem Zusammenschluß wird nur selten eine einzige Ursache angegeben. Konzentrationsvorgänge beruhen auf Entscheidungen einzelner Personen oder kleiner Personengruppen aufgrund bestimmter örtlich und zeitlich veränderlicher Datenkonstellationen. Kausale Zusammenhänge, wie sie in den Naturwissenschaften beobachtet werden, sind in der Regel nicht erkennbar".

Die systematische Analyse der Kosten im *NNK*-Bereich wird Aufschluß darüber geben, ob die These von Riester in dieser Form akzeptiert werden kann.

Grundsätzlich gehen die *NNKE* aus der Summe der Kosten der technischen und menschlichen Arbeit aller beteiligten Arbeitsvorgänge hervor. Die Kosten der technischen und menschlichen Arbeit des Erzeugnisses je Arbeitsvorgang lassen sich entweder nach Gl. 6 mit der Stundensatzkalkulation oder nach Gl. 7 mit der Divisionskalkulation berechnen, wobei in Gl. 7 aus Vereinfachungsgründen die fertigungsauftragsabhängigen Kosten mit enthalten sind.

(6) $$\mathrm{KMTE} = t_{\mathrm{ei}}\,(\mathrm{KMh} + \mathrm{KTh})$$

(7) $$\mathrm{KMTE} = \frac{\mathrm{KMTJ}}{\mathrm{MJ}} = \frac{\mathrm{KMTJ}_{\mathrm{fix}} + \mathrm{KMTJ}_{\mathrm{prop}}}{\mathrm{MJ}}$$

KMTE = Kosten der menschlichen und technischen Arbeit je Einheit der Erzeugnisse
t_{ei} = Istzeitverbrauch für die Vorgabezeit je Einheit
KMh = Kosten der menschlichen Arbeit je Stunde
KTh = Kosten je Stunde Nutzung des Betriebsmittels
KMTJ = Kosten der technischen und menschlichen Arbeit je Jahr
MJ = Menge je Jahr

Die in Gl. 6 und 7 verwendeten Größen sind daraufhin zu analysieren, inwieweit der technische Fortschritt dazu führt, die Größe *KMTE* in Abhängigkeit von der Aggregatgröße des Arbeitsvorganges zu beeinflussen.

Die Haupteinflußgröße *KTh* ergibt sich aus Gl. 8:

(8) $$KTh = KAh + ZKh + WKh + \ddot{U}Kh + AMh + StKh + RKh + MFKh$$

KAh = Kalkulatorische Abschreibung je Stunde Nutzung
ZKh = Kalkulatorische Zinsen je Stunde Nutzung
WKh = Wartungskosten je Stunde Nutzung
ÜKh = Überholungskosten je Stunde Nutzung
AMh = Arbeitsmittelkosten je Stunde Nutzung
RKh = Raumkosten je Stunde Nutzung
MFKh = gesondert verteilte mittelbare Funktionskosten je Stunde Nutzung

Die einzelnen Kostenarten je Stunde ergeben sich grundsätzlich aus der Division der Jahreskosten durch die Nutzungsstunden *NJ* je Jahr.

Ein Teil der kalkulatorischen Abschreibungen, die Zinskosten, die Wartungskosten, ein Teil der Energiekosten und die Raumkosten stellen praktisch die Fixkosten der technischen Kapazität dar, während die Restgrößen proportionalen Charakter haben.

Würde es nun allgemeine Gesetzmäßigkeiten geben, die derart wären, daß bei gleichem Technologieniveau, aber unterschiedlicher Aggregatgröße, das größere Aggregat sowohl geringere Fixkosten als auch geringere Grenzkosten je Einheit hätte, könnte aus dieser Datenkonstellation ein Zwang zur Konzentration abgeleitet werden, sofern nicht andere Kosteneinflußgrößen die Kostensenkung durch fortlaufende Degression von $KMTE_{fix}$ und $KMTE_{prop}$ kompensieren würden.

Untersucht man z. B. die Verhältnisse in der Chemie- und Zementindustrie, so stößt man auf zahlreiche Aggregattypen mit zylindrischer Bauweise. Wie verlaufen nun die einzelnen Größen in Gl. 8 in Abhängigkeit von der Aggregatgröße? Als Haupteinflußgröße für die kalkulatorischen Abschreibungen und Zinsen, die hier von Interesse ist, kommt der spezifische Investitionsaufwand in Betracht, der über den Anschaffungspreis und der garantierten Normalleistung der Anlage von Seiten des Herstellers leicht zu berechnen ist. Die Interdependenzen zwischen Aggregatgröße und Anschaffungspreis können z. B. für einen Drehrohrofen der Zementindustrie aus folgenden Gleichungen in vereinfachter Darstellung entnommen werden:

(9) $$Q = J \cdot Z_S$$

(10) $$J = F \cdot 1$$

(11) $$Q \sim r^2$$

(12) $$AP \sim f_G \cdot r$$

Q = Kapazität [t/Tag]
J = Inhalt [m^3]
Z_S = spezifischer Ofendurchsatz [tato Klinker/m^3]
F = Querschnittsfläche [m^2]
r = Radius [m]
AP = Anschaffungspreis
f_G = Korrekturfaktor

Aus Gl. 9 läßt sich aus der gewünschten Kapazität und der Größe Z_S, die als konstante Größe eingesetzt wird, der Inhalt des Drehrohrofens J berechnen. Bei konstanter Länge des Drehrohrofens ist J ausschließlich eine Funktion von der Querschnittsfläche F, die quadratisch mit dem Radius r ansteigt. Die Kapazität Q — als Maß für die Aggregatgröße im betriebswirtschaftlichen Sinn — steigt demnach quadratisch mit dem Radius r, während der Anschaffungspreis sich nur proportional mit dem Produkt $f_G \cdot r$ erhöht.

Der Korrekturfaktor f_G, der in den meisten Fällen größer als 1 sein wird, ist nötig, weil in dem Anschaffungspreis alle Kostenblöcke des Herstellers mit einbezogen sind, die natürlich nicht proportional mit r ansteigen müssen, wie es z. B. für Teile der Stoffkosten (Stahlmantel, feuerfeste Ausmauerung) der Fall ist.

Auch die Fertigungskosten können näherungsweise so angesetzt werden, daß sie bis zu einer gewissen Größe, die fertigungstechnisch keine Schwierigkeiten bereitet, proportional mit r ansteigen.

In den „Wachstumsgesetzen der Technik", die im vorliegenden Fall aus der Zementindustrie mit zunehmender Aggregatgröße einen degressiven Verlauf der spezifischen Investitionskosten induzierten, ist ein Element des Zwangs zur Wirtschaftskonzentration zu suchen, sofern gewisse Nebenbedingungen erfüllt sind, die noch näher zu untersuchen sind. Bevor auf sie, die nur allzu häufig bei Verfahrensvergleichen nicht angemessen berücksichtigt werden, eingegangen wird, sollen die restlichen Kostenarten in Gl. 8 auf ihr Verhalten in Abhängigkeit von der Aggregatgröße analysiert werden, nachdem sich für die *KAh* und die *ZKh* ein fortlaufend degressiver Verlauf ergab.

Die Wartungskosten enthalten Aufwandsgrößen — wie z. B. die Personalaufwendungen —, die in gewissen Größenbereichen unabhängig von der Aggregatgröße anfallen, so daß sich auch hier eine Kostendegression mit wachsender Aggregatgröße ergibt.

Für die Überholungskosten kann folgende Funktion global angegeben werden:

$$ÜKJ = f(AP) \tag{13}$$

Somit ergibt sich für die Überholungskosten der gleiche Degressionseffekt wie bei den kalkulatorischen Abschreibungen und Zinsen, da *AP* degressiv mit der Kapazität eines Aggregates wächst.

Als Arbeitsmittelkosten eines Drehrohrofens der Zementindustrie fallen hauptsächlich die Aufwendungen für die feuerfeste Ausmauerung an, die wiederum proportional zum Umfang verlaufen, also durch folgende Gleichung charakterisiert sind:

$$AMKJ = f(r) \tag{14}$$

Neben den stark degressiv fallenden proportionalen Arbeitsmittelkosten — die Kapazität wächst ja genau eine Potenz rascher als die *AMKJ* — fallen auch die proportionalen Energiekosten *StKJ* und letztlich auch die teilfixen Kosten der menschlichen Arbeit *KMh* in Gl. 6, da die personellen Kapazitäten, die zunehmend Überwachungsfunktionen zu erfüllen haben, unabhängig von der Kapazitätsgröße eines Aggregates in weiten Bereichen eine fixe Sollgröße haben müssen.

Der degressive Verlauf der proportionalen Energiekosten ist auf zwei Ursachen zurückzuführen:

a) Die für größere Aggregate verwendeten Antriebsmaschinen haben mit zunehmender Größe einen besseren Wirkungsgrad.

b) Die Wärmeverluste sind bei größeren Aggregaten geringer als bei kleineren.

Man muß sich stets darüber im klaren sein, daß bereits eine Wirkungsgradverbesserung von $\eta = 0{,}92$ auf $\eta = 0{,}95$ eine nennenswerte Kosteneinsparung nach sich zieht, da z. B. die Antriebsleistung einer Zementmühle mit einer Leistung von 150 t/h ca. 5000 PS beträgt, so daß eine dreiprozentige Stromkostensenkung bei dem hohen Stromkostenanteil die Rendite des eingesetzten Kapitals beträchtlich erhöhen kann.

Die laufende Degression der proportionalen Energiekosten der Antriebsmaschinen in Abhängigkeit von der Aggregatgröße ist ebenfalls auf die Wachstumsgesetze der Technik zurückzuführen.

Grundsätzlich lassen sich die Verluste eines Motors durch seinen Wirkungsgrad η bestimmen:

(15) $$\eta = \frac{Pm}{Pel} = \frac{Pm}{Pm + Pv}$$

Pm = Mechanische Leistung
Pv = Verlustleistung
Pel = elektrische Leistung

Die Verluste, die sich in die Leerlauf- und Lastverluste aufteilen lassen, steigen nun teilweise — so z. B. bei den Wärmeverlusten des Motors — eine Potenz schwächer als die Leistung, so daß sich obengenannter Degressionseffekt ergibt.

Untersucht man die Gründe für den rapiden Abfall des Wärmeverbrauchs von über 1400 kcal/kg Klinker auf unter 800 kcal/kg Klinker in den letzten 20 Jahren, so ist die Ursache dieser Produktivitätssteigerung hauptsächlich in der Umstellung auf die wärmesparenden Trockenöfen — Lepolofen und Wärmetauscherofen — zu suchen. Dennoch lassen sich auch Energiekosteneinsparungen durch die zunehmende Größe der Anlagen feststellen.

Die Wärmeverluste durch Konvektion und Strahlung werden durch folgende Gleichungen erfaßt:

(16) $$Q_{\mathrm{Konv}} = \alpha \cdot F_u \cdot \Delta\vartheta \cdot t$$

(17) $$Q_{Str} = F_u \cdot C_{12} \cdot \left[\left| \frac{T_1}{100} \right|^4 - \left| \frac{T_2}{100} \right|^4 \right] \cdot t$$

α = Wärmeübergangszahl [kcal/m²h · grad]

F_u = Umfangsfläche eines Drehrohrofens [m²]

$\varDelta\vartheta$ = Wärmegefälle zwischen Stahlmantel und Umgebung [°C]

C_{12} = Strahlungszahl $\left[\frac{\text{kcal}}{\text{m}^2 \cdot \text{h}} \left| \frac{100}{\text{grad}} \right|^4 \right]$

t = Zeiteinheit [h]

T_1, T_2 = Temperaturen der Bezugsflächen [°K]

In Gleichung 16 und 17 sind alle Werte — außer F_u — unabhängig von der Aggregatgröße durch die Technologie festgelegte konstante Größen.

Somit ergibt sich, daß die Wärmeverluste durch Konvektion und Strahlung nur proportional zur Umfangsfläche F_u bzw. zum Radius r zunehmen, während die Kapazität quadratisch mit dem Radius r wächst. Eine näherungsweise Durchrechnung für einen Drehrohrofen mit einer Kapazität von 1200 tato Klinker ergab Wärmeverluste durch Strahlung und Konvektion von ca. 8 % der gesamten zugeführten Wärmemenge. Die mögliche Kostensenkung von einigen Prozenten zugeführter Wärme beim Übergang zum 3000 tato-Ofen ist dann ein weiterer nennenswerter Anreiz für eine Konzentration, wenn zwei bisher selbständige Unternehmen Betriebe am gleichen Standort haben und die Marktlage nicht den Bau zweier Großaggregate zuläßt.

Über die Restgröße in Gl. 8, die mittelbaren Funktionskosten, wird die globale Aussage — progressiv steigender Trend mit zunehmender Technisierung — vorerst im theoretischen Teil der Arbeit ausreichen, da diese Aussage auf der Erfahrung basiert, daß eine zunehmende Technisierung nur durch gesteigerte geistige menschliche Arbeit in den Büros bewältigt werden kann. Ein Sinken der mittelbaren Funktionskosten je Einheit der Erzeugnisse wird erst dann möglich sein, wenn durch multiple Betriebserweiterungen die Menge schneller steigt als die für die Aufrechterhaltung der Betriebsbereitschaft notwendigen menschlichen Kapazitäten bei den mittelbaren Funktionen nach Darst. 4.

Weiterhin spielt hier die Frage einer dem Produktionsprogramm adäquat angepaßten Organisation der in einem Unternehmen zusammengefaßten Betriebe eine entscheidende Rolle.

Die exemplarisch am Beispiel der Zementindustrie durchgeführte Teilkostenanalyse — ohne Berücksichtigung gewisser Nebenbedingungen — zeigte in fast allen Kostenarten im NNK-Bereich einen degressiven Verlauf in Abhängigkeit von der Aggregatgröße. Diese potentiellen Kostensenkungsmöglichkeiten, die an den Bau größerer Aggregate starr gekoppelt sind, gelten für viele Industriezweige, wie z. B. die Chemieindustrie, die Mineralölindustrie, die Eisen- und Stahlindustrie, die Energiewirtschaft. Jedoch gibt es auch einige Industriezweige wie z. B. bestimmte Bereiche der Maschinenbauindustrie, der Elektroindustrie und der Kautschukindustrie, in denen solche Gesetzmäßigkeiten im Herstellbereich keine Gültigkeit haben, weil bei den technischen Kapazitäten — die starr an das jeweilige Produktionsprogramm gekoppelt sind — eine Vergrößerung der einzelnen Aggregate und damit eine kostengünstigere Produktion nicht möglich ist. Hier gehen hauptsächlich vom Entwicklungs- und Absatzbereich Impulse zur Konzentration aus, die in den nachfolgenden Kapiteln noch näher zu untersuchen sein werden.

Die grundsätzliche Frage, wann der Degressionseffekt der Kosten je Einheit des jeweiligen Arbeitsvorganges beim Bau immer größerer Anlagen zum Erliegen kommt, kann pauschal nicht beantwortet werden, weil noch zu viele Einflußgrößen beachtet werden müssen. Bei Vernachlässigung dieser Einflußgrößen sind Fehlinvestitionen möglich.

Die Einbeziehung der Transportkosten — An- und Ablauffrachten — muß bei frachtempfindlichen Produkten innerhalb von alternativen Kosten- und Rentabilitätsvergleichen neben dem Einfluß des Nutzungsgrades gleichrangig berücksichtigt werden. Dieser Gesichtspunkt wird jedoch bei Kostenvergleichen nur allzu oft vernachlässigt, so daß durch die bloße Existenz der maximalen Aggregatgrößen, die von den Anbietern der Investitionsgüterindustrie gerade auf den Markt gebracht wurden, Konzentrationsüberlegungen von Unternehmen — deren vorhandene Betriebsgrößen den Einsatz dieser Großaggregate im Alleingang nicht zulassen — angestellt werden, die im Grunde keine Berechtigung haben. Solche Tendenzen konnten z. B. bei den Konzentrationsüberlegungen innerhalb der deutschen Stahlindustrie beobachtet werden, als Gutachter die Gründung der Nordstahl AG durch Fusion dreier Unternehmen befürworteten, die außer verschiedenen Produktionsprogrammen noch die Produktion in sechs örtlich voneinander getrennten Betrieben durchführen mußten.

Eine weitere Nebenbedingung für den Einsatz bestimmter Aggregatgrößen innerhalb eines Arbeits- bzw. Prozeßvorgangs ist in der Erfüllung der Abstimmung der technischen Kapazitäten in den einzelnen Produktionsstufen zu suchen. Gelingt es nicht, die vielfältigen betriebswirtschaftlichen Zielsetzungen, wie z. B. Erreichen einer bestimmten Mindestrentabilität, ständige Lieferbereitschaft gegenüber den Stammkunden, Termintreue usw. neben dem Ziel der minimalen Selbstkosten bei Verfahrensvergleichen adäquat zu berücksichtigen, sind Fehlinvestitionen nicht auszuschließen.

Die Betrachtung der Verfügbarkeit und des Ausfallrisikos von technischen Kapazitäten in einer bestimmten Produktionsstufe muß gerade in solchen Industriezweigen vorrangig geschehen, wo die nachgeschalteten Kapazitäten eine große Fixkostenintensität aufweisen und Puffervorräte aus technologischen Gründen nicht gebildet werden können.

Die in der Stahlindustrie zu beobachtende rasche technische Entwicklung auf einigen Produktionsstufen — der Einsatz zweier Großhochöfen von 14 m Gestelldurchmesser ergibt eine Kapazität von ca. 6 Mio. t Roheisen pro Jahr — hat jedoch keinerlei Bedeutung bei der Beantwortung der Frage, ob ein Unternehmen, das sein Produktionsprogramm auf Profilstahl ausgerichtet hat — die maximale Leistung einer Walzstraße liegt hier bei ca. 0,5 Mio. t Walzstahl —, in der Zukunft nicht bei einer Kapazität von nur 2 Mio. t absolut wettbewerbsfähig ist gegenüber Konkurrenzunternehmen, die ein Vielfaches dieser Kapazität aufweisen. Hier können nur Investitionsrechnungen unter Berücksichtigung der genannten Datenkonstellationen Aufschluß darüber geben, wie groß die optimale Aggregat- und Betriebsgröße für den jeweiligen konkreten Standort sein muß.

Man sollte sich stets darüber im klaren sein, daß Teilkostenvergleiche, die nur eine Produktionsstufe, wie z. B. den Hochofenprozeß, untersuchen, auch nur zu Teilaussagen führen können, wenn die Kosten anderer Produktionsstufen oder überhaupt anderer Betriebsbereiche dadurch nicht verändert werden. Letztlich können aber nur die gesamten Kosten je Einheit der Erzeugnisse — einschließlich der Transportkosten zu den verschiedenen Abnehmern — darüber Aufschluß geben, ob ein Zwang zur Konzentration bisher selbständiger Unternehmen — mit anschließender Investition von Großaggregaten in nur einem Betrieb — vorliegt. Die Gefahr eines vorzeitigen Einsatzes von Großaggregaten mit der Folge sinkender Rentabilität ist in vielen Bereichen latent vorhanden, da Veröffentlichungen in der Spezialliteratur die hier angeschnittenen Probleme, die noch keineswegs vollständig sind, völlig negieren und über Teilkostenanalysen nicht hinauskommen.

So gelangt Meinshausen (16, S. 153) aufgrund der Degression des spezifischen Kapitaleinsatzes beim Sinter-Hochofen- und Sauerstoffaufblasprozeß zu folgender Erkenntnis: „Die Entwicklung verlief so rasch, daß vor einigen Jahren gebaute, nach dem damaligen Stand der Technik moderne Neuanlagen heute bereits — noch in den Anfangsjahren ihrer Abschreibungszeit — weit unterhalb der nach dem heutigen Stand der Technik wirtschaftlich optimalen Größe liegen. Dieser verhältnismäßig schnelle indirekte Wertverlust neuer Erzeugungsanlagen war dabei nicht so sehr durch Einführen grundsätzlich neuer Erzeugungsverfahren verursacht, sondern — nach der Einführung des Sauerstoffaufblas-Verfahrens — allein durch die konsequente Entwicklung zur Großanlage. In seinen Auswirkungen auf die Erzeugung von Massen- und Qualitätsstahl auf Roheisengrundlage ist dieser Prozeß aber durchaus der Einführung grundsätzlich neuer wirtschaftlicher Verfahren vergleichbar. Der Konkurrenzkampf um möglichst niedrige Selbstkosten zwingt dazu, dieser Entwicklung zu folgen. Eine der wesentlichsten Voraussetzungen für die Planung von Hüttenwerksanlagen ist daher heute die Kenntnis der optimalen Erzeugungskapazität nach dem letzten Stande der Technik und ihre voraussichtliche Weiterentwicklung."

Aus den Darstellungen 14 ... 17 von Meinshausen und Schenck/Consemüller (16, S. 154 u. S. 386) geht hervor, daß genau wie bei der theoretischen Analyse in der Zementindustrie die spezifischen Investitionskosten in der Stahlindustrie mit zunehmender Aggregatgröße sinken, was sich letztlich in niedrigeren Abschreibungs-, Zins- und Überholungskosten je Einheit der Erzeugnisse niederschlagen muß.

Abgesehen von der Tatsache, daß in den Darstellungen der Degressionseffekt von einem bestimmten Größenbereich an sehr minimal wird, läßt doch die Schlußfolgerung von Meinshausen, daß die Kenntnis der optimalen Erzeugungskapazität nach dem letzten Stand der Technik eine wesentliche Voraussetzung für die Planung von Neuinvestitionen ist, Rückschlüsse für das Investitionsverhalten der Stahlindustrie erkennen.

So werden z. B. vom Vorstand des zweitgrößten deutschen Stahlkonzerns, der Hoesch AG, Zukunftspläne für ein integriertes Hüttenwerk mit einer Kapazität von 20 Mio. t für eine durchaus „optimale Lösung" der Zukunftsprobleme der Stahlindustrie in den Raum gestellt. Ob bei solchen Kalkulationen auch nur eine der zahlreich aufgeführten Nebenbedingungen beachtet worden ist, muß bezweifelt werden, da geplante Betriebsgrößen von 20 Mio t eindeutig darauf hinweisen, daß das Moment des technisch Möglichen im Vordergrund der Überlegungen stehen mußte. Allein die Roheisenstufe würde 7 Hochöfen von je 14 m Gestelldurchmesser und die Rohstahlstufe 7 Konverter von je 350 t Abstichgewicht erfordern. Hier liegen also multiple Betriebsgrößenerweiterungen vor, die aus kostentheoretischer Sicht keine Produktivitätssteigerungen ermöglichen, da die Rüstzeiten hier keine nennenswerte Rolle spielen. Die maximalen Wahlkapazitäten auf der Fertigstufe mit ca. 5 Mio. t im Flachstahlbereich und nur 0,5 Mio. t im Profilstahlbereich zeigen ebenfalls an, daß die Grenze der Produktivitätssteigerungen in dieser Branche durch dimensionale Aggregatvergrößerung weit überschritten wurde. Die Ursachen für solche Fehlinvestitionspläne — hier speziell in der Stahlindustrie — sind in der mangelnden Integration technischer und wirtschaftlicher Denkweisen zu suchen. Höchst aufschlußreich muß die Warnung, in der Stahlindustrie durch Fusionen Mammutunternehmen zu bilden, von nam-

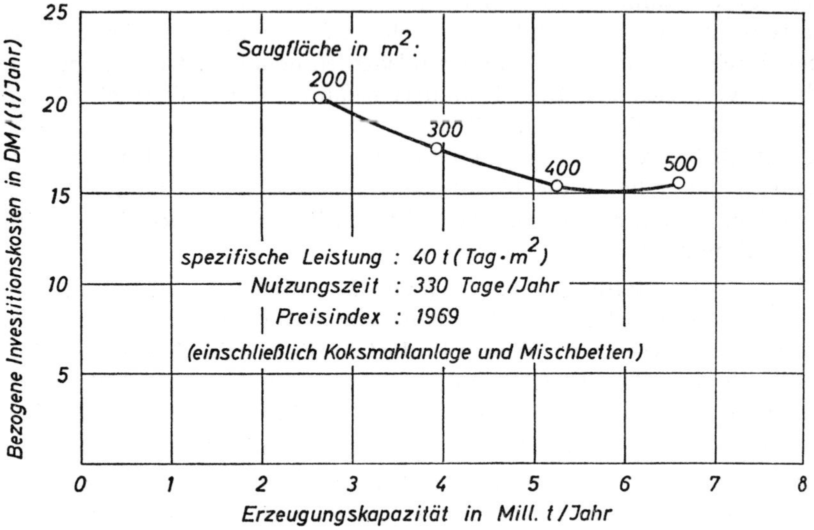

Darst. 14

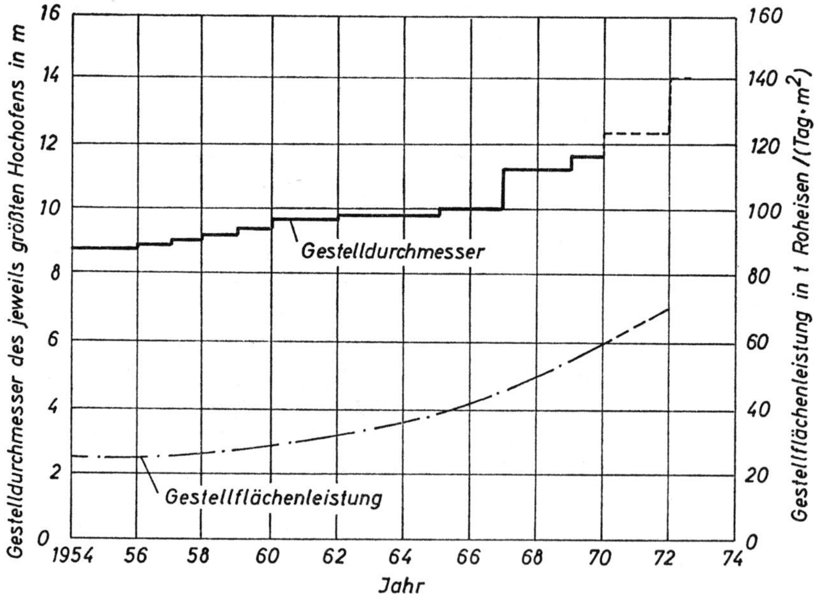

Darst. 15

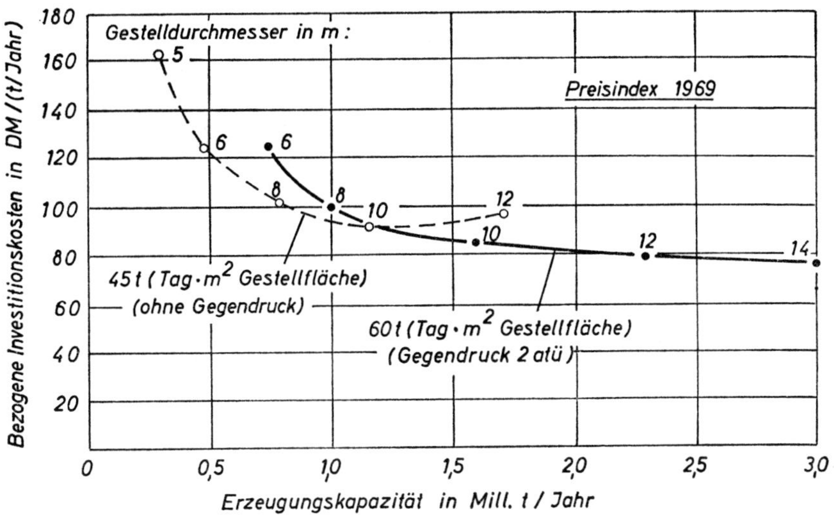

Darst. 16

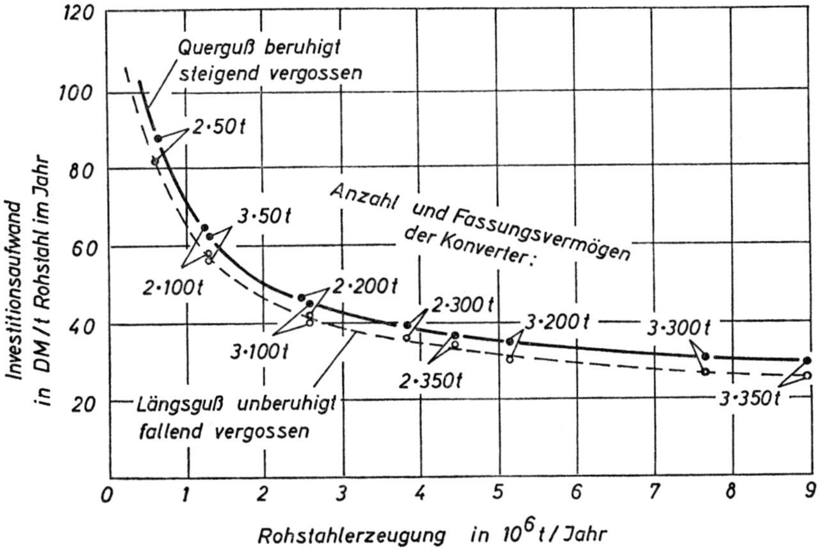

Darst. 17

haften Vertretern der Branche gewertet werden (17). Da naturgemäß die Vielfalt technischer Probleme den Ingenieuren eine starke Stellung in der Stahlindustrie sichert, hat das betriebswirtschaftliche Denken nicht den Rang erhalten, wie es der enorme Kapitaleinsatz infolge des technischen Fortschritts geboten hätte. So werden z. B. Kostenvergleiche von Mrd.-Investitionsobjekten mit kalkulatorischen Zinsen auf der Basis des halben Wiederbeschaffungspreises angestellt, ohne auf die dynamischen Investitionsrechnungen einzugehen, die bei den hier vorliegenden Größenordnungen angebracht wären. Letztlich ist die minimale wirtschaftliche Ausbildung der meisten Ingenieure an den Technischen Hochschulen eine Hauptursache für die in vielen Branchen anzutreffende Konfrontation zwischen Kaufmann und Techniker, da keine gemeinsame Sprachbasis zustande kommt.

Die empirischen Untersuchungen im Rahmen dieser Arbeit haben diese These bestätigt, da selbst von Vertretern mehrerer Stahlunternehmen zugegeben wurde, daß das betriebswirtschaftliche Element durch die schwache Position der Kaufleute in den Unternehmen zu kurz kam. Dennoch sollte man bei der Beurteilung solcher Personalstrukturen den Ingenieuren keinen bewußten Hang zur „Gigantonomie" unterstellen, wie das in der Literatur nur allzu leicht geschieht, sondern auch die Frage stellen, warum die kaufmännischen Funktionen nicht richtig erfüllt werden. Das führt dann zum Problem, ob in die Organisation eines Unternehmens eine Regelung eingebaut worden ist, die die gemeinsame Verantwortung von Kaufmann und Ingenieur für die Rentabilität des Kapitaleinsatzes für die technischen und personellen Kapazitäten sichert. Dieses Problem soll jedoch erst bei der Funktion 101 — Betrieb organisieren — näher auf seinen betriebs- bzw. unternehmensgrößenabhängigen Schwierigkeitsgrad untersucht werden.

Interessant dürften z. B. Untersuchungen von Kosten-Erlös-Analysen der Stahlindustrie sein, die zum Ergebnis kamen, daß z. B. ein Ausfall eines Großaggregates in einer Vorstufe in Zeiten einer Stahlhausse einen Gewinnausfall bedeuten kann, der in der Größenordnung der erzielten Gewinne mehrerer Jahre liegt, wie sie in Zeiten mit gedrückten Preisen erzielt werden.

Solche Rechnungen mit vielen Alternativen müssen aber angestellt werden, ehe die Entscheidungen für Mrd-Investitionen getroffen werden, die für Jahrzehnte die Kostenstruktur im NNK-Bereich festlegen. Vereinfachte Teilkostenvergleiche der voneinander isoliert betrachteten Produktionsstufen sollten endgültig der Vergangenheit angehören.

In diesem Zusammenhang muß auch darauf hingewiesen werden, daß in vielen Fällen Neuinvestitionen mit Erweiterungs- oder Ersatzinvestitionen vorhandener Betriebsstrukturen verglichen werden müssen unter

Einbeziehung aller Kosteneinflußgrößen, wie z. B. Vorhandensein eines Facharbeiterstammes, Einfluß der An- und Ablauftransportkosten auf die Betriebsgröße, die Tragfähigkeit der zusätzlich zu verrechnenden Abschreibungen der Altanlagen auf die neu zu investierenden Anlagen, die Streikbereitschaft des Personals in Abhängigkeit vom Standort und der Betriebs- und Unternehmensgröße, das Risiko des Ausfalls von Großaggregaten auf die nachgeschalteten Produktionsstufen, die Schwierigkeit der Integration in personeller und technischer Hinsicht bei sehr großen Betriebsgrößen und die Anpassung der Kosten an schwankende Beschäftigungslagen. Werden solche Nebenbedingungen, die nur allzu leicht zu Hauptbedingungen werden können, bei Kosten- und Investitionsvergleichen vernachlässigt, so ist die Gefahr groß, daß — wie im Falle der Stahlindustrie — Betriebsgrößen anvisiert werden, die aus technisch-wirtschaftlicher Sicht heraus keine Existenzberechtigung haben, da der Kostensenkungseffekt durch dimensionale Aggregatvergrößerung eines integrierten Hüttenwerks mit Flach- und Profilstahlproduktion bei etwa 8 Mio. t/Jahr zum Erliegen kommt.

Nur allzu oft werden auch von Vertretern der Wissenschaft bestimmte Kostenstrukturen als optimal hingestellt, ohne sich der Mühe zu unterziehen, aus kostentheoretischer Sicht heraus die angeblichen Vorteile z. B. der vertikalen Konzentration mit ihrer Eingliederung vor- und nachgeschalteter Produktionsprozesse zu überprüfen. Nur so ist es zu verstehen, daß bis in die heutige Zeit hinein als Paradebeispiel der vertikalen Konzentration, die „zu erheblichen gesamtwirtschaftlichen Kostenvorteilen“ führt, die sogenannte Verbundwirtschaft zwischen Kohle und Stahl in der Montanindustrie angeführt wird (1, S. 59), deren Kostenvorteile nur auf dem Papier standen, da die wesentlichen Funktionen im Bergbau völlig losgelöst von der Funktionserfüllung in den Stahlwerken dezentral erfüllt werden mußten, so daß sich aus kostentheoretischer Sicht heraus keinerlei Vorteile ergaben, die nicht auch durch langfristige Lieferverträge erzielt werden konnten. Die nichtoriginären Kostenvorteile durch das in der Vergangenheit herrschende Umsatzsteuersystem führten lediglich zu einzelwirtschaftlichen Kostenvorteilen, nicht aber zu gesamtwirtschaftlichen. Bei der raschen Trennung der Kohle vom Stahl nach Einführung des neuen Mehrwertsteuersystems wurde auch nicht mehr von den erheblichen gesamtwirtschaftlichen Kostenvorteilen der vielgerühmten Verbundwirtschaft gesprochen; dagegen tauchte der Begriff der „optimalen Unternehmensgröße“ auf, deren Bestimmungsmerkmale offensichtlich unter falschen Voraussetzungen festgelegt wurden und darauf abzielten, alle deutschen Bergbaubetriebe des Ruhrgebietes in eine Einheitsgesellschaft zu zwingen (18). Der überragende Teil der Selbstkosten in der Bergbauproduktion fällt jeweils am Ort der Gewinnung — der jeweiligen Betriebsgröße des Bergbaus — an, so daß es aus kostentheoretischer Sicht heraus unverständlich ist, eine Einheitsgesellschaft mit einem Konglomerat von örtlich weit voneinander liegenden Zechenbetrieben als „optimale Unternehmensgröße“ zu apostrophieren, während gleichzeitig die staatlichen Stellen eine verschärfte Gesetzgebung gegen die zunehmenden Konzentrationstendenzen vorbereiten.

Interessant ist die Gegenüberstellung der von neutralen Gutachtern errechneten Rationalisierungseffekte von 250 bis 300 Mio DM (19) bei Gründung der Ruhrkohle AG und den tatsächlich eingetretenen Verlusten von 600 Mio DM in den ersten beiden Jahren ihres Bestehens. Diese Differenz ist teilweise auf das Nichtbeachten von den eingangs erwähnten Nebenbedingungen zurückzuführen, die sich in diesem Fall hauptsächlich in einer abnorm hohen Fehlschichtenquote von bis zu ca. 30 % äußerten mit der Folge eines drastischen Produktivitätsrückganges. Die Ursache für dieses Phänomen dürfte darin liegen, daß die Mitarbeiter eines Großunternehmens, das durch alle möglichen staatlichen Garantieverpflichtungen abgesichert ist, nicht die nötige Bereitschaft aufbringen, durch entsprechenden Einsatz die Kostenentwicklung ihres Unternehmens positiv zu beeinflussen. Darüber hinaus zeigt das Ansteigen der Verwaltungskosten je t Kohle (20, S. 1029) und das Preisverhalten gegenüber dem wichtigsten Kundenstamm Stahlindustrie — das durch reines Kostenüberwälzungsdenken gekennzeichnet ist mit Preissteigerungsraten bis zu 70 % innerhalb zweier Jahre — einmal mehr, wie auch die Leiter solcher Unternehmen mit starker Marktmacht in ihrer Leistungsbereitschaft und Flexibilität abfallen.

Der Hang zu starren Strukturen ist unverkennbar mit alle den nachteiligen Folgen für die abnehmende Industrie, die i. d. R. mit schwankenden Mengen und Preisen auf dem Markt fertig werden muß, während der Hauptlieferant für die Stoffe dank seiner überragenden Marktmacht versucht, sich dieser Kosten- und Preisflexibilität zu entziehen.

Nach den Untersuchungen über die mehr nachteiligen Wirkungen einer überzogenen Konzentration im NNK-Bereich soll das Schwergewicht der folgenden Untersuchungen darauf ausgerichtet sein, die Theorie der long-ran-Kostenkurven bei multipler Betriebserweiterung zu überprüfen, die nach dem bisherigen Stand der Forschung zu der Aussage kommt, daß die Stückkosten bei Erweiterung mit gleichartigen Anlagen nicht unter das Stückkostenminimum einer isoliert betriebenen Anlage fallen können (21, S. 333).

Aus Darstellung 18, die bei Lücke in bisheriger Form ohne Berücksichtigung der Kapazitätserhöhung zu finden ist, geht hervor, daß die Kapazitätsgrenze nicht im Punkt *D* bzw. *F* endet, sondern gemäß der

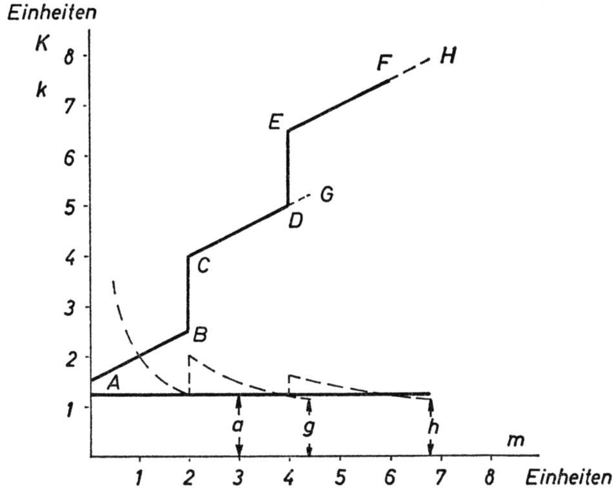

Darst. 18

gestrichelt eingezeichneten Linien bis zu den Punkten *G* und *H* variabel verläuft. Die in der bisherigen Theorie aufgestellte Lösung ist demnach nur ein Spezialfall der allgemeinen Lösung. Alle Punkte der Linien *D*—*G* und *F*—*H* (bzw. deren Projektion auf die gestrichelte Stückkostenkurve) sind je nach dem veränderten Verhältnis der Nutzungsnebenzeit *NNZ* zur Nutzungszeit *NZ* mögliche zugeordnete Lösungspaare.

Der Grund für die vereinfachte Darstellung des Kostenverlaufs bei multipler Betriebserweiterung ist wohl in der mehr verbalen Betrachtungsweise dieses Problems zu suchen, so z. B. bei Lücke (21, S. 334):

„Die dargestellte multiple Erweiterung ermöglicht die Herstellung großer Produktmengen, doch stellt diese ‚Massenproduktion', anders als bei Bücher, ausschließlich ein Quantenproblem dar. Die langfristige Kostenkurve ist in diesem Fall nicht Ausdruck des Gesetzes der Massenproduktion. Damit der Tatbestand vom Gesetz des Massenproduktion erfüllt ist, muß ein Produktionsverfahren einsetzbar sein, welches höhere fixe Kosten und geringere variable Stückkosten aufweist als ein anderes Verfahren oder mehrere Quanten dieses Verfahrens."

Abgesehen von dem Effekt der Stückkostendegression auch bei Anwendung desselben Verfahrens — hervorgerufen durch die „Wachstumsgesetze der Technik" beim Übergang zu größeren Aggregaten mit der Wirkung des tendenziellen Falls der fixen als auch der variablen Stückkosten — kann die Fiktion des konstanten Verhältnisses der

Nutzungsnebenzeit zur Nutzungszeit unabhängig von der Anzahl der gleichartigen Aggregattypen bei Vorhandensein eines bestimmten Produktionsprogrammes, das optimal erfüllt werden muß, nicht mehr aufrecht erhalten werden. Die Gl. 18 muß durch die Ungleichung 19 ersetzt werden.

$$(18) \qquad \left(\frac{NNZ}{NZ}\right)_{I} = \left(\frac{NNZ}{NZ}\right)_{II} = \left(\frac{NNZ}{NZ}\right)_{III}$$

$$(19) \qquad \left(\frac{NNZ}{NZ}\right)_{I} \geqslant \left(\frac{NNZ}{NZ}\right)_{II} \geqslant \left(\frac{NNZ}{NZ}\right)_{III}$$

Sie bringt zum Ausdruck, daß der Anteil der Nutzungsnebenzeit an der Nutzungszeit in Abhängigkeit von der Anzahl der Aggregate abnimmt bzw. im Grenzfall konstant bleibt.

Die tendenzielle Abnahme des Verhältnisses

$$\frac{NNZ}{NZ}$$

ist in solchen Fällen gegeben, wo ein bestimmtes Produktionsprogramm mit const. Sortenzahl auf gleichartigen Anlagen desto wirtschaftlicher hergestellt werden kann, je mehr gleichartige Anlagen die Produktionsplanung in der Weise erleichtern, daß der Anteil der kapazitätsmindernden Rüstzeiten sukzessive mit der Anzahl der Aggregate sinkt. Besonders bei fixkostenintensiven Produktionsprozessen ergeben sich bei dieser Datenkonstellation Möglichkeiten für Optimierungsverfahren mit der Wirkung einer beträchtlichen Steigerung der Rentabilität, da neben einer relativen Kostensenkung — hervorgerufen durch das Sinken des fixen Kostenanteils $KMTE_{fix}$ nach Gl. 7 — besonders der Zuwachs des Gewinns, der nach Überschreiten der Gewinnschwelle identisch ist mit dem Zuwachs des Deckungsbeitrages, als Konzentrationsanreiz dient.

Voraussetzung für eine erfolgreiche Konzentrationspolitik mit der Wirkung sowohl einer einzel- als auch gesamtwirtschaftlichen Produktivitätssteigerung ist jedoch, daß Unternehmen mit gleichartigen Produktionsprogrammen fusionieren oder kooperieren.

Der zusätzliche Gewinn ΔG beim Einsatz von z. B. drei gepoolten Aggregaten gegenüber 3 isoliert betriebenen Anlagen ergibt sich nach Gl. 20 und entspricht dem Zuwachs des Deckungsbeitrages D:

$$(20) \qquad \Delta G = \Delta D = \sum_{j=1}^{n} \left(p_j - KMTE_{\text{propj}}\right) \left(x_j'^{(3)} - x_j^{(3)}\right)$$

p_j = Preis des Erzeugnisses j

$x_j'^{(3)}$ = optimaler Mengenvektor, der beim Einsatz von drei gepoolten Aggregaten von der Auftragsplanung vorgegeben wird

$x_j^{(3)}$ = optimaler Mengenvektor dreier isoliert betriebener Anlagen

Bei den empirischen Untersuchungen wird es sich erweisen, ob die Erweiterung der Kostentheorie bei multiplen Betriebserweiterungen auch für praktische Konzentrationsfälle relevant ist, oder ob diesem Kapazitätserweiterungseffekt mit der Wirkung einer Produktivitätssteigerung nur theoretische Bedeutung zuzumessen ist.

Nach den Untersuchungen über den Einfluß der dimensionalen Aggregatvergrößerung und der multiplen Betriebsgrößenerweiterung auf die Konzentrationsneigung bleibt als letzte Variante im *NNK*-Bereich der Einfluß der Verfahrensentwicklungen auf die Kosten in Abhängigkeit von der Betriebsgröße übrig. Der technische Fortschritt, der von den Nationalökonomen als Erhöhung des outputs bei gegebenem input definiert (22, S. 302) und hauptsächlich bei volkswirtschaftlichen Wachstumsfunktionen als dimensionsloser Faktor eingesetzt wird, um die Produktivitätssteigerungen z. T. zu erklären, spielt naturgemäß bei Änderungen der technischen Verfahren eine große Rolle. Dennoch darf nicht verkannt werden, daß der technische Fortschritt zu vielschichtig ist, um der oben genannten Definition gerecht zu werden. Die Wirkungen des technischen Fortschritts äußern sich nicht nur im Ausstoß einer höheren Menge, sondern auch z. B. in einer höheren Sicherheit der Arbeitsplätze durch Ausschaltung von Unfallquellen mit Hilfe technischer Vorrichtungen, in einer besseren Qualität der Erzeugnisse und einer Verbesserung der Umweltbedingungen. Unter diesen Aspekten würden mit Hilfe von Kapitalrechnungen sogar Produktivitätsrückgänge herauskommen, obwohl doch zweifellos der technische Fortschritt dazu beigetragen hat, die qualitativen Bedingungen der Güterproduktion zu verbessern. Der Versuch, den technischen Fortschritt mit Hilfe eines dimensionslosen Faktors in Kapitaleinflußrechnungen quantitativ zu erfassen, würde nur dazu führen, ein mathematisches Leergebäude zu errichten ohne adäquate Sinninhalte.

Neben den oben genannten Schwierigkeiten ist hauptsächlich noch die zeitliche Verschiebung zwischen der abgeschlossenen Entwicklung von Großanlagen — dem Zeitpunkt des Durchbruchs des technischen Fortschritts — und der eigentlichen Anwendung dieser Großanlagen zu differenzieren, da in vielen Branchen die stetigen Produktivitätsfortschritte in der Vergangenheit zum großen Teil nur durch die nachträgliche Verwirklichung des technischen Fortschritts erklärt werden müssen. Den Einwand der Periodenverschiebung zwischen Entstehung und Verwirklichung des technischen Fortschritts und die Problematik der Zurechnung der Produktivitätsfortschritte auf bestimmte Perioden könnte man dadurch entkräften, daß in den letzten Perioden eines bestimmten Untersuchungszeitraumes die Aufwendungen für den zukünftigen technischen Fortschritt fallen und somit eine Art „Mischkalkulation" diesen zeitlichen Konflikt aufhebt. Dennoch geht diese Begründung am Kern der Dinge vorbei, da man hier nämlich unterstellen müßte, daß die dimensionale Kapazitätserweiterung auch in der Zukunft fortschreiten würde mit der Folge eines ständigen Zwanges zur Konzentration.

Diese generelle Trendprognose — abgeleitet aus der Entwicklung der Daten der Vergangenheit — wäre jedoch verfehlt, da bereits heute in einzelnen Branchen die Großanlagen Dimensionen angenommen haben, die sowohl unter dem Gesichtspunkt des technisch Möglichen als auch unter den Prämissen der Wirtschaftlichkeit und Rentabilität nur noch mäßig zu steigern sind. Steigerungen der Kapazitäten einzelner Anlagen um das zehnfache innerhalb eines Zeitraumes von 20 Jahren, wie sie z. B. in der Zementindustrie bei der Entwicklung der Drehrohröfen zu beobachten waren, sind für die Zukunft z. B. für diese Branche völlig ausgeschlossen und somit auch die stetigen Produktivitätsfortschritte und die Impulse zu Konzentrationsüberlegungen. Man sollte sich deshalb bei Prognosen über die weitere Konzentrationsentwicklung im klaren sein, daß allgemeingültige Aussagen im Grunde nicht zu machen sind, da jeder Konzentrationsfall individuell auf seine Berechtigung überprüft werden muß und nicht aufgrund eines Trends — der ja weiter nichts anderes darstellt als eine Verknüpfung singulärer Punkte, deren Folge jederzeit abbrechen kann — von vornherein als zwangsläufig gekennzeichnet werden sollte.

Auch bei überzogenen Konzentrationsfällen anderer Art — hier sei hauptsächlich an die Unternehmenskonzentration der sogenannten „Mischkonzerne" gedacht — ist für die Zukunft durchaus mit einer Art Dekonzentration zu rechnen, da diese Art von Konzentration selbst im Bereich der Finanzierung keine nennenswerten Vorteile erwarten läßt.

Die Auswirkungen auf die Konzentration, die von der Entwicklung neuer Verfahren ausgehen, lassen sich am besten nach Gl. 6 und 7 erfassen. In vielen Fällen steigt bei neuen Verfahren der Kostensatz der technischen Arbeit *KTh* in Gl. 6, während der Stundensatz für die menschliche Arbeit *KMh* konstant bleibt oder fällt. Gleichzeitig sinkt der Istzeitverbrauch je Einheit, so daß die Kosten für das Produkt *KMTE* fallen. Die größere Produktionsgeschwindigkeit kann nach Gl. 7 auch als größerer Mengenausstoß gekennzeichnet werden. So läßt sich bei neuen Verfahren ziemlich einfach feststellen, welche Betriebsgrößen erforderlich sind, um diese Verfahren einzuführen unter Beachtung aller Nebenbedingungen.

Der Idealfall bei der Entwicklung neuer Verfahren ist dann gegeben, wenn die Größe *KMTJ* in Gl. 7 fällt, während gleichzeitig die Jahresmenge *MJ* steigt, so daß sich eine besonders stark ausgeprägte Degression der Kosten je Einheit der Erzeugnisse ergibt. Hauptsächlich aus der Chemie- und Elektroindustrie, aber auch aus vielen anderen Branchen könnten eine Reihe von Beispielen dazu gebracht werden.

Ein besonders typischer Fall läßt sich aus der Nachrichtentechnik anführen. Vor ca. 50 Jahren wurden beim sogenannten „Rheinlandkabel" für einen Sprechkreis je Kilometer Länge 85 kg Kupfer gebraucht. Durch die Entwicklung der Trägerfrequenztechnik nach dem Zweiten Weltkrieg konnten immer mehr Gespräche gleichzeitig über ein Leitungspaar übertragen werden, so daß im Vergleich zum Rheinlandkabel nur noch 170 g Kupfer — das sind 0,2 % der Ausgangsmenge — auf 1 km Sprechkreis benötigt werden. Lag hier die obere Grenze bei ca. 240 Gesprächen, die gleichzeitig übertragen werden konnten, so wurde diese Grenze durch die Entwicklung einer völlig neuen Kabeltechnik, bei der koaxiale Leiter eingesetzt wurden, auf 2700 verschoben. Die Überlegungen der Kabelhersteller gehen davon aus, daß in naher Zukunft über ein Koaxialleiterpaar von nur 9,5 mm Dmr. bis zu 10 800 Gespräche gleichzeitig übertragen werden können. Die benötigte Kupfermenge würde sich dann auf 0,25 % der Menge des Rheinlandkabels reduzieren (23, S. 831).

Während die Ergebnisse des technischen Fortschritts grundsätzlich auch die Möglichkeit schaffen, die Betriebsgrößen der Anwender nach unten zu verlagern, sind für die Entwicklung des technischen Fortschritts Unternehmen erforderlich, deren Produktionsmengen in den einzelnen Sparten ausreichend sind, um die Entwicklungskosten im Preis der Produkte weitergeben zu können. Die bekannten Thesen von Schumpeter, Galbraith und Marbach (4, S. 88), die einhergehend mit der Entwicklung des technischen Wissens immer größere Unternehmen für notwendig erachten, sind jedoch nicht geeignet, als pauschale Legitimationsargumente für *alle* Konzentrationsprozesse herangezogen werden zu können.

Die Beziehung Forschungsaufwendungen und Unternehmensgröße ist zu wenig aussagekräftig, wenn nicht gleichzeitig das hinter jedem Industrieunternehmen stehende Produktionsprogramm in seiner Vielschichtigkeit analysiert wird. Weiterhin ist die Gefahr der wachsenden Ineffizienz von großen, zentralisierten Forschungs- und Entwicklungsgebilden mit ins Kalkül zu ziehen, was oft vernachlässigt wird. Diese Aspekte sollen jedoch gesondert bei der Analyse der Kosten im Entwicklungsbereich untersucht werden.

1.2.3.1.3 Die fertigungsauftragsabhängigen Kosten

Die fertigungsauftragsabhängigen Kosten setzen sich aus den fertigungsauftragsabhängigen Kosten der Büros *FAK*1 und der fertigungsauftragsabhängigen Kosten der Fertigung *FAK*2 — die praktisch die Rüstkosten darstellen — zusammen. Aus Darst. 11 gehen die vier Funktionen

F 401 Materialbedarf ermitteln

F 403 Arbeitsbelastung ermitteln

F 404 Kundenaufträge zu Produktionsaufträgen umordnen

F 405 Auftragsausführung terminlich bestimmen

hervor, aus denen die fertigungsauftragsabhängigen Kosten der Büros berechnet werden können (12, S. 76 ff.). Der Einfluß, den die fertigungsauftragsabhängigen Kosten auf Konzentrationsüberlegungen ausüben, ergibt sich aus Gleichung 21.

$$\text{FAKE} = \frac{\text{FAK1FA} + \text{tri} \cdot \text{KMTh}_{\text{R}}}{\text{MFA}} \tag{21}$$

FAKE	=	Fertigungsauftragsabhängige Kosten je Einheit
FAK1FA	=	Kosten der Fertigungsvorbereitung je Fertigungsauftrag
tri	=	Rüstistzeit
$KMTh_R$	=	Kosten der menschlichen und technischen Arbeit beim Rüstvorgang
MFA	=	Menge je Fertigungsauftrag

Von den vier Größen in Gl. 21, die die fertigungsauftragsabhängigen Kosten je Einheit beeinflussen, sind für unsere Überlegungen bei gleichen technischen Verfahren nur die beiden Größen *FAK1FA* und *MFA* interessant, da sowohl *tri* als auch $KMTh_R$ als konstante Größen anzusehen sind.

Dagegen sind bei Kostenuntersuchungen in Abhängigkeit von der Betriebsgröße und der Verfahrenswahl auch die Größen *tri* und $KMTh_R$ einzubeziehen, da beide Größen sich i. d. R. unterschiedlich verändern.

Grundsätzlich sind beim Übergang auf neue technische Verfahren mehrere Möglichkeiten denkbar, von denen die zwei wichtigsten näher untersucht werden sollen.

1. Die Größe $KMTh_R$ steigt infolge höherer Technisierung an, während die Rüstzeit *tri* konstant bleibt.

Bei dieser Datenkonstellation sind stets höhere Mengen je Fertigungsauftrag erforderlich, damit die *FAKE* nicht ansteigen. Höhere Losgrößen können aber selbst bei größeren Unternehmen nicht immer mit internen Sortimentsbereinigungen aus marktbedingten Gründen erreicht werden, so daß ein etwaiger Kostennachteil in dieser Einflußgröße gegenüber dem Marktführer nur durch Kooperation bzw. Konzentration der Produktionsprogramme kompensiert werden kann.

Voraussetzung für die Möglichkeit der Kostensenkung ist jedoch wiederum, daß sich die Produktionsprogramme der kooperierenden Unternehmen überschneiden. So sind z. B. Kostensenkungsmöglichkeiten in dieser Einflußgröße zweier Unternehmen der Stahlindustrie mit jeweiliger Spezialisierung auf Profil- bzw. Flachstahl aus obengenannten Gründen im Walzstahlbereich nicht möglich. Auch die oft zu beobachtende Tendenz der verstärkten Diversifikation durch Aufkauf bisher selbständiger Unternehmen bringt in dieser Kosteneinflußgröße keinerlei Kostenersparnisse mit sich.

2. Die Größe $KMTh_R$ steigt zwar beim Übergang zu fixkostenintensiveren Verfahren, die Rüstzeit *tri* fällt jedoch so stark ab, daß das Produkt aus *tri* und $KMTh_R$ — die Rüstkosten — fallen. Selbst beim Rückgang der Menge je Fertigungsauftrag ergeben sich noch Kostensenkungen für die *FAKE*. Der technische Fortschritt begünstigt in solchen Fällen die Dekonzentration, da kleine Serien kostengünstig gefertigt werden können. Darüber hinaus erzielen i. d. R. solche Spezialfertigungen im Markt höhere Preise als Massenartikel, so daß die Kapitalrentabilität in solchen Unternehmen mit spezialisiertem Produktionsprogramm höher liegen kann als bei größeren Unternehmen mit Massenfertigung.

Die Entwicklung der numerisch gesteuerten Werkzeugmaschinen gegenüber den konventionellen führte hauptsächlich zu einer Kostensenkung im Bereich der *FAKE,* da die Rüstzeiten beträchtlich gesenkt werden konnten. Nach der Steigerung der Schrittgeschwindigkeiten in der Vergangenheit verblieb für weitere Produktivitätssteigerungen nur noch die Senkung der Nebenzeiten. Gleichzeitig wurden als Folge der exakten Steuerung noch die Hauptzeiten gesenkt, da die optimalen Schrittbedingungen sofort bei Beginn der Hauptzeiten wirken können. Diese Datenkonstellation führte zu dem Ergebnis, daß die Wirtschaftlichkeit der numerisch gesteuerten Werkzeugmaschinen gegenüber den konventionellen um so größer ist, je kleiner die Fertigungsaufträge *MFA* sind und je häufiger sich die Anzahl der Fertigungsaufträge wiederholt. Die Größe *FAK1FA* ergibt sich aus Gl. 22, aus der hervorgeht, daß bei zunehmender Anzahl der Fertigungsaufträge je Jahr *AFAJ* und const. fertigungsauftragsabhängigen Kosten der Büros je Jahr *FAK1J* die Größe *FAK1JFA* sinkt.

(22) $$\mathrm{FAK1FA} = \frac{\mathrm{FAK1J}}{\mathrm{AFAJ}}$$

FAK1FA	=	Fertigungsauftragsabhängige Kosten der Büros je Fertigungsauftrag
FAK1J	=	Fertigungsauftragsabhängige Kosten der Büros je Jahr
AFAJ	=	Anzahl Fertigungsaufträge je Jahr

Neben diesen beiden Möglichkeiten sind bei der Einführung neuer Verfahren und Technologien noch jede Art von Mischformen denkbar, in denen die Größen der Gl. 21 ganz unterschiedlich verlaufen können. Hier sind spezielle Kostenuntersuchungen notwendig, um die Konzentrationswirkung neuer möglicher Kostenstrukturen im Bereich der fertigungsauftragsabhängigen Kosten zu analysieren.

Untersucht man die Konzentrationsneigung zweier Unternehmen, die in ihren Betrieben Erzeugnisse einer bestimmten Produktgruppe auf gleichen bzw. ähnlichen Anlagen herstellen, so ergeben sich Kostensenkungsmöglichkeiten, die zu einer Verbesserung der Rentabilität des Kapitaleinsatzes führen können, aus der Möglichkeit der Sortimentsbereinigung der beiden Produktionsprogramme. Die Wirkung der Kostensenkung je Einheit der Erzeugnisse wird dann hauptsächlich durch die größere Menge je Fertigungsauftrag *MFA* in Gl. 21 erzielt. Die beiden Größen im Zähler in Gl. 21 können unter der Voraussetzung, daß die technisch maximal mögliche Losgröße nicht überschritten wird, als const. angesehen werden.

Empirische Untersuchungen über das Verhältnis der Anzahl Personen der fertigungsauftragsabhängigen Funktionen der Büros ap_{FAK1} zu der Gesamtzahl der Anzahl Personen eines Unternehmens *apU* ergaben für zwei Unternehmen des Maschinenbaus die in Darst. 19 eingezeichneten Werte. Daraus kann die Schlußfolgerung gezogen werden, daß das Unternehmen mit 30 000 Beschäftigten, das organisatorisch in mehrere Betriebe aufgeteilt ist, mit einer maximalen Anzahl Personen je Betrieb *apB* von ca. 7000, keiner Progression der Personalkosten für geistige menschliche Arbeit unterlag, ja sogar beim Mengengerüst der Personalkosten im *FAK*1-Bereich eine leichte Degression erzielen konnte. Aus Darstellung 20, deren Daten aus einer Untersuchung von Bünstorf (24) — der die Arbeitsbelastung der Funktionen nach Darst. 11 in Abhängigkeit von der Betriebsgröße untersuchte — gewonnen wurden, ist dagegen eine minimale Progression für die *FAK K*1-Kurve festzustellen.

In die Untersuchung wurden von Bünstorf sieben Betriebe des Maschinenbaus aufgenommen, deren Betriebsgröße — hier gemessen an der Anzahl der Personen je Betrieb *apB* — von 150 bis 3000 Beschäftigte variierte.

Aus solchen Untersuchungen lassen sich jedoch keine Rückschlüsse ziehen, ob die Qualität der Funktionserfüllung im Bereich der Fertigungsplanung in Abhängigkeit von der Unternehmens- und Betriebsgröße und dem Produktionsprogramm nachläßt. Hier sind spezielle

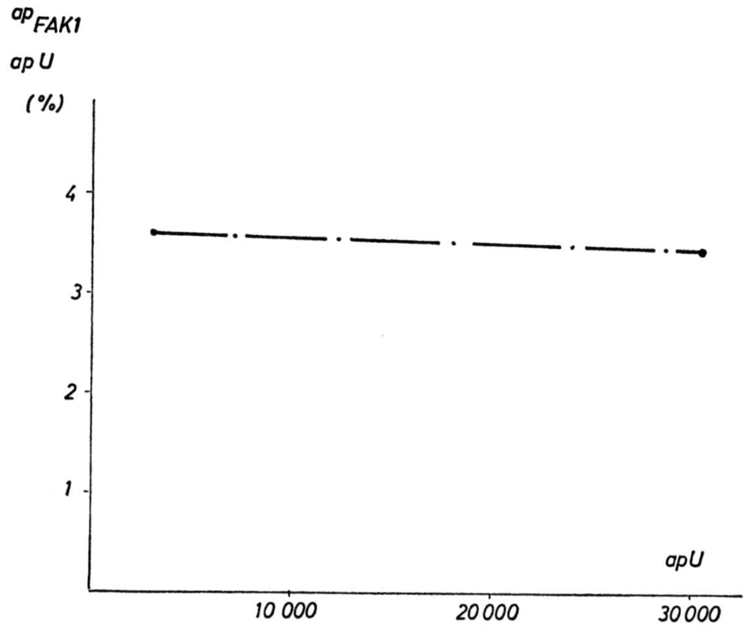

Darst. 19

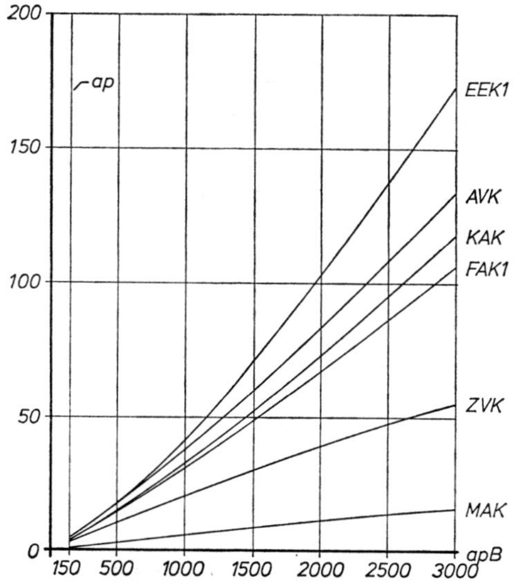

Darst. 20

Untersuchungen nötig, die z. B. die Höhe der Kapitalbindung bei den Positionen Rohstoffe und Halbfabrikate in Abhängigkeit von der Betriebsgröße, der jeweiligen organisatorischen Gliederung und dem Umfang des Produktionsprogramms — gemessen an der Anzahl der herzustellenden Erzeugnisse — ermitteln. Nur allzu oft kann man bei großen Unternehmen, die ein umfangreiches Produktionsprogramm anbieten und ihren Umsatz durch Angliederung von zusätzlichen Produktgruppen ausweiten wollen, feststellen, daß die Kapitalbindung im Umlaufvermögen unverhältnismäßig groß ist gegenüber spezialisierten Unternehmen. Das Argument der Risikominderung durch Diversifikation kann eben auch in das Gegenteil umschlagen, wenn durch Wachstum um jeden Preis ein Produktionsprogramm erkauft werden muß, dessen Erfüllung unter angemessener Verzinsung des Kapitaleinsatzes besser in unabhängig voneinander operierenden Unternehmen zustande käme.

Hier sind jedoch Fragen des Kapitallenkungsprozesses angeschnitten, die bei der Untersuchung der unternehmerischen Funktionen behandelt werden sollen.

Abschließend soll bei der Behandlung der fertigungsauftragsabhängigen Kosten noch auf die Nebenwirkung in den Bereich der nutzungszeit- und nutzungsgradabhängigen Kosten hingewiesen werden, die stets von Sortimentsbereinigungen ausgeht. Durch die größeren Mengen je Fertigungsauftrag sinkt i. d. R. die störungsbedingte Brachzeit innerhalb der Betriebsmittelzeit, so daß die Fixkostenanteile je Einheit der Erzeugnisse abnehmen.

Bei besonders fixkostenintensiven Anlagen, wie z. B. bei den Profilwalzwerken der Stahlindustrie, können hauptsächlich aus den potentiellen Kostensenkungsmöglichkeiten innerhalb des Bereichs der *FAKE* und den aufgezeigten Nebenwirkungen auf die *NNKE* heraus Konzentrationswirkungen ausgehen, die durchaus ihre Berechtigung haben.

Voraussetzung für die Möglichkeit einer Kostensenkung ist jedoch wiederum das Vorhandensein eines sich überschneidenden Produktionsprogrammes.

1.2.3.2 Der Verlauf der Kosten im Entwicklungsbereich

Zu dem Kostenblock der einmaligen Erzeugnis- und Sortimentskosten *EEK* nach Darst. 12 gehören:

1. Die Entwicklungskosten *EEK*1
2. Die Kosten für erzeugnisgebundene Betriebs- und Arbeitsmittel *EEK*2.

Die vier Entwicklungsfunktionen aus Darst. 11

F 201 Probleme der Produkte erforschen
F 202 Produkte produktionsreif gestalten
F 203 Verbesserte und neue Produkte erproben
F 204 Eigene und fremde Schutzrechte wahren

verursachen zunächst für die Entwicklung eines Erzeugnisses einmalige Kosten. Für die Produktpflege der Erzeugnisse nach dem Anlaufen der Herstellung kommen i. d. R. zu den vorab auftretenden Entwicklungskosten noch laufende Entwicklungskosten hinzu, die bereits vor Beginn näherungsweise abzuschätzen sind, damit sie in die Kalkulation einbezogen werden können. Grundsätzlich sollten die angefallenen Entwicklungskosten dem Erzeugnis (bzw. der Produktgruppe) zugeteilt werden, für das sie entstanden sind. Dieses Prinzip der verursachungsgerechten Zurechnung ist erforderlich, um den Erfolgsausweis sowohl in der Planung als auch in der laufenden Kontrolle für die Erzeugnisse und Produktgruppen quantifizieren zu können. Daß in den meisten Fällen die Aufwendungen für die Entwicklung neuer Produkte von den Gewinnen der im laufenden Produktionsprogramm abgesetzten Produkte praktisch vorfinanziert werden, ist eine reine Finanzierungsfrage und ergibt sich aus der Altersstruktur der Unternehmen. Dennoch sollte diese Praxis nicht dazu führen, daß die Unternehmensleitung beim Entscheidungsprozeß über die Wahl der neu in das Entwicklungsprogramm aufzunehmenden Produkte bzw. über die Grundlagenforschungen hierzu nicht scharf genug kalkuliert und zunächst ohne Abschätzung der späteren Tragfähigkeit der Entwicklungskosten durch die neu in das Produktionsprogramm aufzunehmenden Produkte Forschungs- und Entwicklungsbudgets genehmigt, die im Alleingang nicht durchfinanziert werden können.

Eine oft zu beobachtende Mentalität der Unternehmensleitungen, die Höhe der Forschungsbudgets von der momentanen Gewinnlage mit abhängig zu machen, ist für langfristige Forschungsprojekte mit hohen Kosten nicht gerade förderlich. Durch laufende Eingriffe und Kürzungen in das Entwicklungsprogramm von Seiten der Unternehmensleitung kann eine Hektik in die Forschungsarbeiten hineingetragen werden, die zu mangelnder Effizienz führt. Die Ursache liegt z. T. in der viel zu kurzen Periodisierung der Jahresabschlüsse.

In Zeiten guter Gewinnlage wird somit das Risiko, das mit dem Aufbau größerer Forschungskapazitäten verbunden ist, gering eingeschätzt, während in Zeiten einer schlechten Gewinnlage bzw. in Verlustzeiten oft vorhandene Forschungskapazitäten abgebaut werden. Daß dieses Vorhaben nicht zügig gelingt, liegt an der Inflexibilität der Forschungsaufwendungen. Fixkostenblöcke in den verschiedenen Bereichen sind zwar immer nur in bestimmten Zeiträumen als fix anzusehen und somit nach und nach auch abbaubar, doch für das weitgehend eingearbeitete wissenschaftliche Personal in den Forschungs- und Entwicklungsabteilungen bestehen in Deutschland — im Gegensatz zu den USA — sehr langfristige Arbeitsverträge, so daß sich die Unternehmensleitungen oft mit einem totalen Einstellungsstopp für den Entwicklungsbereich behelfen müssen. Besonders für spezialisierte Unternehmen mit wenigen Produktgruppen, die bei einer Marktschwäche in der ganzen Breite ihres Umsatzvolumens von Erlösrückgängen getroffen werden, ergeben sich hier Probleme, die z. B. für Konzernunternehmen mit breit gestreuten Produktionsprogrammen nicht so deutlich zum Vorschein kommen.

In vielen Konzentrationsfällen muß die Anlehnungsbereitschaft eines spezialisierten Unternehmens, das in der Vergangenheit bei guter Gewinnlage stets die für das Produktionsprogramm notwendigen Forschungsaufwendungen tragen konnte, an ein Konzernunternehmen der gleichen Branche oder an einen Mischkonzern aus der obengenannten Datenkonstellation heraus gesehen werden. Eine gesamtwirtschaftliche Erhöhung der Produktivität ist nur dann gegeben, wenn bisher Parallelentwicklungen durchgeführt wurden, die nach dem Konzentrationsfall abgebaut werden und somit zu einer Senkung der Entwicklungskosten je Einheit der Erzeugnisse führen.

Für den Fall jedoch, daß Konzentrationstendenzen nur aufgrund der besseren finanziellen Absicherung der Forschungskosten in Großunternehmen gegeben sind, besteht die Gefahr, daß die Effizienz der Forschungs- und Entwicklungsabteilungen sinkt. Dieses Phänomen, das bei Befragungen von Großunternehmen mehrerer Branchen bestätigt wurde, hat mehrere Ursachen, von denen nur einige genannt werden sollen:

1. Die Organisation in Großunternehmen begünstigt allzu oft eine übertriebene Spezialisierung mit der Folge des unausgenutzten geistigen Forschungspotentials der einzelnen Mitarbeiter.
2. Die Integration der Teilergebnisse zu einem Gesamtprojekt wird bei zu starker Differenzierung in Teilprojekte schwieriger.
3. Die einzelnen Mitarbeiter identifizieren sich nicht stark genug mit dem Gesamtprojekt und verfallen oft in den Status eines „Forschungsbeamten".
4. Die Forschungsintensität leidet unter einer zu starken Spezialisierung.
5. Die wirksame Kontrolle großer zentralisierter Forschungsabteilungen wird schwieriger.
6. Der Innovationsprozeß — Produkt- oder Verfahrensinnovationen — wird in Großunternehmen oft zu langwierig.

Eine weitere Konzentrationsursache, die den Entwicklungsbereich tangiert, ist darin zu suchen, daß spezialisierte Unternehmen in Zeiten des Konjunkturrückgangs konzentrationsbereiter sind gegenüber Übernahmeangeboten von Unternehmen mit breitem Produktionsprogramm. Hier wird versucht, das Forschungsrisiko auf eine sichere Basis zu verteilen, indem man davon ausgeht, daß die einzelnen Produktgruppen in zeitlich unterschiedlicher Reihenfolge von eventuellen Markteinbußen getroffen werden.

Eine Produktkonzentration findet hier nicht statt, sondern nur eine reine Vermögenskonzentration. Die Gefahr für diese Art von Konzentration besteht darin, daß die Diversifikation zum Prinzip erhoben wird und in ein unkontrolliertes, externes Wachstum auswuchert. Meistens sind die Wirkungen erst relativ spät nach mehreren Jahren zu erkennen, die sich nur allzu oft in gravierenden Rentabilitätseinbrüchen niederschlagen, da falsche Kapitallenkungsprozesse aufgrund mangelnder Produktsachkunde der zentralisierten Unternehmensleitung ausgelöst wurden.

Es stellt sich daher die Frage, ob nicht vom Gesetzgeber her durch die Zulassung der Bildung von Rückstellungen für zukünftige Forschungsaufwendungen etwas für die nachhaltige Sicherung des Wettbewerbs getan werden sollte. Es wäre denkbar, die Möglichkeit der Bildung spezieller Forschungsrückstellungen an bestimmte Kriterien zu binden. In erster Linie müßten die betriebswirtschaftlich relevanten Finanzierungsnachteile der spezialisierten Unternehmen gegenüber Konzernunternehmen mit praktisch internem Konjunkturausgleich ausgeschaltet werden.

Bei der zunehmenden Bedeutung der Entwicklungskosten — die oft ein Vielfaches der erzielten Gewinne betragen — wird der Zwang zur Konzentration für Unternehmen mit Engagements in große, risikoreiche Projekte zunehmen. Meist handelt es sich aber nur um eine Teilkonzentration, die durch Ausgliederung bestimmter Produktgruppen verwirklicht werden kann. Gemeinsame Tochtergesellschaften, in die die personellen und technischen Kapazitäten von mehreren, bisher voneinander unabhängigen Unternehmen transferiert werden, sind neben der Form der Kooperation geeignete Lösungsmöglichkeiten, die, unabhängig von der zu produzierenden Menge der Erzeugnisse, anfallenden Forschungskosten auf eine größere Basis zu stellen. Konkurrenzunternehmen, die im Alleingang im relevanten Markt durch rasches internes Wachstum in einer Produktgruppe sehr niedrige Entwicklungskosten je Einheit der Erzeugnisse aufweisen, sind in vielen Fällen das auslösende Motiv für Konzentrationsvorgänge mit Kapitaltransaktionen.

Die relativ spät erfolgte Konzentration der Produktgruppen Kraftwerke, Transformatoren und Computer innerhalb der führenden deutschen Elektrokonzerne Siemens und AEG kann als Beispiel dafür herangezogen werden, daß die Bereitschaft zur Konzentration erst dann rapide zunimmt, wenn die Relation zwischen Gewinn und Forschungsaufwendungen sich laufend verschlechtert. So betrugen die Forschungsaufwendungen der AEG-Telefunken-Gruppe im Jahre 1970 585 Mio DM bei nur 105 Mio DM Jahresüberschuß. Die Gesamtkapitalrentabilität vor Steuern — eine Kennzahl für die Effizienz des Kapitaleinsatzes und die Qualität der Unternehmensleitung — lag mit 7,14 % weit unter den Sätzen vergleichbarer amerikanischer Konzerne und muß als völlig unzureichend angesehen werden. Immerhin zeigt doch das Verhältnis von Forschungsaufwand zu Jahresüberschuß, daß die Manövriermasse — selbst vom Umsatz großer Konzerne her — relativ klein ist, wenn es um die Finanzierung neuer Forschungsprojekte geht, die ein Vielfaches des Jahresgewinns ausmachen können. Bei der Würdigung der absoluten Forschungsaufwendungen darf nicht übersehen werden, daß damit ein sehr breites Produktionsprogramm mit mehreren zehntausend Artikeln laufend betreut und weiterentwickelt werden muß.

Die Relation der Forschungsaufwendungen zum Weltumsatz betrug so bei der AEG-Gruppe 1970 6,4 %, während der Siemens-Konzern im Geschäftsjahr 1969 7 % vom Weltumsatz für Forschung und Entwicklung aufwendete. Mit 718 Mio DM absolutem Forschungs- und Entwicklungsaufwand wurde im Siemens-Konzern das 2,94fache des Jahresüberschusses aufgewendet.

Weit bessere Verhältnisse weist z. B. die chemische Industrie auf. Die Höhe der Forschungsaufwendungen für die beiden Geschäftsjahre 1969 und 1970 von 340 und 420 Mio DM lagen z. B. im Konzern der Farbwerke Hoechst AG in der Nähe des erzielten Jahresüberschusses von 403 Mio DM 1969 und 338 Mio DM 1970. Die Relation vom Weltumsatz der Hoechst-Gruppe von 12,2 Mrd DM 1970 betrug nur ca. 3 %. Bei einem Weltumsatz von 1,14 Mrd. in 1954 betrug der Aufwand für Forschung und Entwicklung 1954 beim Hoechst-Konzern mit 60 Mio. DM 5,3 % vom Umsatz. Durch rasche Expansion konnte der Anteil der Entwicklungskosten je Einheit drastisch gesenkt werden. Da der überwiegende Teil der Erzeugnisse Massenprodukte sind, blieb für die Erzielung einer angemessenen Rendite nur der Weg des raschen Wachstums übrig, weil dieser Weg durch die Investitionspolitik der Konkurrenten auf den relevanten Chemiemärkten praktisch vorgezeichnet wurde. Konzentration — durch im Verhältnis zur Branche überdurchschnittlich internes Wachstum — dürfte zum großen Teil mit auf die

Degression der Entwicklungskosten je Einheit der Erzeugnisse zurückzuführen sein, wie sie sich nach Gl. 23 ergibt.

$$\text{(23)} \qquad EEKE = \sum_{j=1}^{n} \frac{(EEK1J, EEK2J)}{MJLDS}$$

$\sum_{j=1}^{n}$ (EEK1J, EEK2J) = Summe der gesamten Entwicklungskosten, die vor und während der Laufzeit eines Erzeugnisses anfallen

MJLDS = Menge der Erzeugnisse während der Lebensdauer der Sorte

Die durch die Unternehmensleitung zu beeinflussenden Größen der Gl. 23 sind einmal die jährlich anfallenden Entwicklungskosten *EEK*1*J*, die durch eine adäquate produktorientierte Forschungsorganisation in vernünftigen Grenzen gehalten werden müssen, und die abzusetzenden Mengen der Erzeugnisse. Je nach Konkurrenzlage sollte vor Beginn neuer Entwicklungsvorhaben die Tragfähigkeit der Kosten durch die abzusetzenden Produkte untersucht werden, um so die Möglichkeit rechtzeitiger Teilkonzentration durch Kooperation oder Kapitalverflechtung mit anderen Partnern — beschränkt auf die in Frage kommenden Produktgruppen — zu prüfen.

Kieser, der die Forschungs- und Entwicklungspolitik in der pharmazeutischen Industrie untersuchte, kam bei seinen empirischen Untersuchungen zu folgenden Ergebnissen:

„Neben der in der Branche üblichen Forschungsaufwand-Umsatz-Relation werden andere Faktoren bei der Budgetierung der Forschungsaufwendungen kaum berücksichtigt. Die Forschungspolitik der Konkurrenz wird — soweit sie bekannt ist — entweder überhaupt nicht beachtet (zwei der Befragten) oder wirkt lediglich als eine Art „Kontrollfaktor" (tendenziell vier der Befragten). Ein direkter Zusammenhang zwischen dem angestrebten Marktanteil und dem Forschungs- und Entwicklungsaufwand wird wegen der langen Auflegungszeit der Forschungsprojekte bei der Formulierung des Budgets meist nicht beachtet; lediglich zwei der Befragten sahen einen schwachen Einfluß" (25, S. 124).

Diese mehr isoliert betriebene Forschungspolitik konnte bei den empirischen Untersuchungen in mehreren Branchen zwar auch festgestellt werden, doch nur bei Forschungsprojekten mit relativ geringem Risiko für das Unternehmen.

Handelt es sich jedoch um Forschungsaufwendungen für größere Objekte und umfangreiche Produktgruppen, so werden durchaus umfangreiche Konkurrenzanalysen durchgeführt, um die Tragfähigkeit der

Kosten durch die Produkte bei einem bestimmten, als Ziel vorgegebenen Marktanteil zu untersuchen.

War bei sehr guter Gewinnlage in der Vergangenheit in vielen Branchen die von Kieser festgestellte isoliert betriebene Forschungs- und Entwicklungspolitik durchaus an der Tagesordnung, so dürfte durch die zunehmende Entwicklung zu Weltmärkten hin der Interdependenz zwischen Marktanteil und Entwicklungskosten je Einheit der Erzeugnisse in Zukunft eine größere Beachtung geschenkt werden. Wird dieser Aspekt bei Erzeugnissen mit relativ hohen Entwicklungskosten vernachlässigt, können Unternehmen mit relativ geringem Marktanteil in der relevanten Produktgruppe keine angemessene Rendite des eingesetzten Kapitals erreichen, da der Kostennachteil von nur wenigen Prozenten im Block der Entwicklungskosten dieses Ziel verhindert. Nur bei einem Produktionsprogramm, das „Spezialitätencharakter" hat und vom Markt her auch so akzeptiert wird, ist es möglich, Kostennachteile im Preis weiterzugeben, so daß hier trotzdem das Ziel einer angemessenen Kapitalrendite erreicht werden kann. Als Nebenbedingung für diese Thesen muß jedoch gelten, daß die Effizienz der Forschungsaufwendungen bei zunehmender Unternehmensgröße nicht sinkt. Diese Nebenbedingung für den Forschungs- und Entwicklungsbereich ist von fundamentaler Bedeutung für den Konzentrationsprozeß — ähnlich den Nebenbedingungen bei den nutzungszeit- und nutzungsgradabhängigen Kosten, die bei Nichtbeachten sehr schnell zu Hauptbedingungen umschlagen können, da sowohl in der Literatur als auch von der Praxis her berechtigte Zweifel daran gehegt werden.

Würde man die Ergebnisse der empirischen Untersuchungen über den Verlauf der Anzahl Mitarbeiter in den einzelnen Kostenblöcken in Abhängigkeit von der Anzahl Personen des jeweiligen Betriebes in Darst. 20 für die Kurve des Entwicklungsbereichs *EEK*1 dahingehend deuten, daß die Progression eine zunehmende Entwicklungsintensität der größeren Unternehmen widerspiegelt, wäre das sicherlich aus folgenden Gründen eine simple Vereinfachung:

1. Die relativ höhere Anzahl Mitarbeiter im Entwicklungsbereich bei den größeren Unternehmen könnte durch ein breiteres Produktionsprogramm bedingt sein.
2. Die Höhe der Mitarbeiterzahl im Entwicklungsbereich und damit die Höhe der Entwicklungskosten erlaubt noch keine Aussage über die erzielten Forschungsergebnisse, auf die es letztlich ankommt.

So schreibt z. B. die Unternehmensleitung der Siemens AG zur Höhe der Forschungs- und Entwicklungskosten von 718 Mio DM für das Geschäftsjahr 1968/69 — denen 53 Mio DM Lizenzeinnahmen und nur 10 Mio DM Lizenzausgaben gegenüberstanden — folgendes:

„Mit den vorstehenden Zahlen wollen wir nicht die unrealistische Vorstellung fördern, daß schon allein ein hoher Forschungs- und Entwicklungsaufwand Wettbewerbsfähigkeit und Wachstum sichert.“ (26, S. 33)

Bei der Beurteilung des für deutsche Verhältnisse enorm hohen Forschungsbudgets muß man besonders auf die Struktur des Produktionsprogramms der Siemens AG achten. Der Siemens-Konzern ist praktisch auf allen Gebieten der Elektrotechnik tätig, so daß sich der absolut hohe Forschungsaufwand, verteilt auf die Vielzahl der Produkte, in Grenzen hält. Stellt man die Forschungsaufwendungen der Siemens AG denen der Hauptkonkurrenten des Weltmarktes gegenüber, so wird deutlich, das selbst so große amerikanische Elektrokonzerne wie z. B. Westinghouse Electric und International Telephone & Telegraph mit ähnlich hohen Forschungsaufwendungen nur einen Teilbereich des Produktionsprogramms der Siemens AG betreuen müssen.

Bei einem Umsatz von 3,509 Mrd. Dollar betrugen die Forschungsaufwendungen des Westinghouse-Electric-Konzerns 1969 ca. 280 Mio. Dollar bei einem erzielten Jahresüberschuß von 149,9 Mio Dollar. Das Produktionsprogramm umfaßte ca. 8000 Produkte (27).

Der hauptsächlich in den Bereichen Nachrichtentechnik, Eisenbahnsignaltechnik, Datentechnik, Bauelemente, Rundfunk- und Fernsehgeräte, Elektronik, Navigation, Kabel u. a. m. tätige ITT-Konzern hat in den Jahren 1966—1970 1,13 Mrd. Dollar für Entwicklung und Forschung ausgegeben. Die Summe der Gewinne dieses Zeitraums betrug 987 Mio. Dollar (28). Hauptsächlich über die deutsche Tochter Standard Elektrik Lorenz-AG, die 1970 einen Gruppenumsatz von ca. 1,7 Mrd. erreichte, ist der ITT-Konzern in der Produktgruppe Nachrichtentechnik als unmittelbarer Konkurrent der Siemens AG zu sehen, so daß die Forschungsaufwendungen je Einheit der Erzeugnisse der Sparte Nachrichtentechnik — im gesamten ITT-Konzernverbund gesehen — weit niedriger liegen werden. Die Folge davon müßte eine höhere Gesamtkapitalrendite sein, was sich bei den empirischen Untersuchungen hierzu im Teil 2 dieser Arbeit noch zeigen muß.

Wenn bei dieser relativ schlechten Ausgangsposition — von der Tragfähigkeit bzw. der notwendigen Höhe der Forschungsaufwendungen her gesehen — die Unternehmensleitung der Siemens AG vor einigen Jahren noch den Entschluß faßte, die Entwicklung und Produktion von EDV-Anlagen aufzunehmen, so muß man den Schluß ziehen, daß von der Höhe der Forschungsaufwendungen der Konkurrenten offenbar keine verläßlichen Rückschlüsse auf die damit erzielten Ergebnisse gezogen werden können. Immerhin wendet die IBM, die mit einem Marktanteil von etwa 60 % in den USA und Europa der bei weitem bedeutendste Computer-Konzern der Welt ist, mit einem Umsatz von 7,504 Mrd. Dollar 1970 über 300 Mio Dollar für Forschung und Entwicklung auf (29). Es muß daher möglich sein, mit einem Bruchteil von Forschungsaufwendungen selbst eines außerordentlich starken Konkurrenten in dessen Märkte einzudringen. Zunehmende Unternehmensgrößen ziehen zwar i. d. R. auch ein zunehmendes absolutes Forschungsbudget nach sich; über den notwendigen Umfang und die Effizienz dieser Forschungsbudgets liegen jedoch divergierende Hypothesen vor.

Lenel, der den Einfluß der Entwicklungskosten auf den Konzentrationsprozeß sehr eingehend untersuchte, beurteilt die These von der Notwendigkeit der wachsenden Größe der Unternehmen — als Voraussetzung für die Entwicklung des technischen Wissens — sehr skeptisch, wenn er z. B. schreibt (4, S. 88):

„Eine überzeugende, hinreichend durch Fakten belegte wissenschaftliche Begründung dieser und ähnlicher Thesen habe ich bisher nicht finden können. Das dafür Vorgetragene geht — soweit ich sehe — nicht über das hinaus, was wir anläßlich von Konzentrationsvorgängen in Wirtschaftszweigen, für welche der technische Fortschritt eine erhebliche Rolle spielt, von den daran Beteiligten hören. Vor allem aus der chemischen Industrie erhalten wir entsprechende Verlautbarungen. Die Forschungstätigkeit gebiete den Zusammenschluß von zwei oder mehreren Unternehmen, sagt man etwa, weil nur dann die Kosten für die Forschung aufgebracht, die notwendigen Laboratorien gebaut, die erforderlichen Fachkräfte gewonnen und ein zweckmäßiger Erfahrungsaustausch ermöglicht, oder, anders ausgedrückt, die institutionellen Bedingungen für eine erfolgreiche Forschung erfüllt werden könnten.

Ob das richtig ist oder nicht, ist für unser Thema von großer Bedeutung. Wenn es richtig wäre, hätten wir damit nicht nur eine wichtige Ursache des Konzentrationsprozesses, sondern auch einen Beleg für seine Notwendigkeit gefunden. Wir müßten dann davon ausgehen, daß das Großunternehmen Voraussetzung des technischen Fortschritts ist. Wir brauchten es dann für die Erhöhung unseres Lebensstandards, wenn das gegebene technische Wissen von kleineren Unternehmen angewandt werden könnte, weil diese Unternehmen nicht in der Lage wären, das Wissen zu bereichern. Die Unternehmen müßten wachsen, und zwar mangels entsprechenden Nachfragezuwachses oder mangels Mitteln ungleichmäßig, weil sie zum technischen Fortschritt beitragen wollen und müssen.“

Die Vorbehalte Lenels stützen sich vor allem auf Untersuchungen von Scherer, Nelson, Jewkes, Stillerman, Enos, Cooper, Schlaifer, Novick, Schmookler u. a., die in Hearings des amerikanischen Senats zu Fragen der Konzentration durchweg negative Aussagen hinsichtlich der Forschungseffizienz großer Unternehmen gemacht haben (4, S. 93 ff.).

Neben der Aufzählung einer Vielzahl von wichtigen Erfindungen und Verfahren wie z. B. Cracken des Erdöls, Insulin, Penicillin, Rundfunk, Farbfilm u. a., die von unabhängigen Forschern gemacht wurden, wird noch auf Erfindungen hingewiesen, die zwar aus den Laboratorien großer Unternehmen stammen, aber ohne „kostspielige Einrichtigungen gemacht" worden sind, wie z. B. die eigentliche Erfindung des Transistors in den Laboratorien von Bell. Telephone (4, S. 92).

Wesentlich scheint noch das Verhalten großer Unternehmen zu sein, Erfindungen von Außenseitern erst nach sehr langen Verzögerungen aufzugreifen. Hier sei nur an die viel zu spät erfolgte Umstellung der amerikanischen Stahlindustrie vom SM-Verfahren auf das kostengünstigere LD-Verfahren erinnert und an die zögernde Aufnahme des Wankel-Motors durch die großen Automobilproduzenten.

Weit wichtiger als die Aufzählung konkreter Erfindungen, deren Entwicklung nicht an Großunternehmen gebunden war, sind jedoch die mehr allgemeinen Aussagen in den Hearings zu werten:

1. „Die mit der Unternehmensgröße tendenziell wachsende Belastung der leitenden Persönlichkeiten, welche die Entscheidungen zu treffen haben, kann bewirken, daß wichtige Ideen nicht, stattdessen aber u. U. andere weiterverfolgt werden, weil diese Persönlichkeiten nicht die Zeit haben, die Chancen und Risiken hinreichend zu studieren und abzuwägen" (4, S. 99).

2. Durch die zu weit gehende Spezialisierung in Großunternehmen verlieren die Mitarbeiter den Gesamtüberblick, der für wichtige Verbesserungen notwendig ist (4, S. 104).

3. Die Leistungsfähigkeit größerer Forschungseinrichtungen wird nach den Untersuchungen Schmooklers geringer. Er hat festgestellt, daß in Unternehmen mit weniger als 5000 Beschäftigten je Patent geringere Forschungskosten aufgewandt wurden als in Unternehmen mit mehr Beschäftigten. Die einzige Ausnahme bildete die chemische Industrie, in der die Unternehmen mit 5000 und mehr Beschäftigten weit mehr je Patent ausgaben als die Unternehmen mit bis zu 1000 Beschäftigten, aber etwas weniger als die Unternehmen mit 1000 bis 4999 Beschäftigten. „Den Einwand, daß die Patente teurer sind, weil sie im Durchschnitt wertvoller sind, hält Schmookler aufgrund von Einzeluntersuchungen nicht für berechtigt" (4, S. 104).

4. Aufgrund von Befragungen und Untersuchungen einzelner gleicher Forschungsvorhaben, die in Unternehmen verschiedener Größe durchgeführt wurden, kam Cooper zum Ergebnis, daß ein bestimmtes Forschungsvorhaben drei- bis zehnmal teurer zu stehen komme, wenn es

von einem großen statt von einem kleinen Unternehmen durchgeführt werde. „Außer den bereits erwähnten Gründen führt er dafür auch an, daß das Forschungspersonal in den kleinen Unternehmen sparsamer mit seinen Mitteln umgeht und einen besseren Kontakt zu Fertigung und Vertrieb hat" (4, S. 105).

Abgesehen von der Vorgehensweise Schmooklers — die Anzahl der Patente als sinnvolle Maßgröße für die Messung der Effizienz der Forschungsaufwendungen ist äußerst fraglich und die Gewichtung der Patente dürfte aus zurechnungstechnischen Gründen des erzielten Nutzens noch problematischer sein — kann diesen Aussagen aufgrund eigener empirischer Untersuchungen und Befragungen von Forschungspersonal aus der Chemie-, Elektro-, Gummi-, Auto- und Maschinenbauindustrie für deutsche Verhältnisse bedingt zugestimmt werden.

Die Gefahr, daß solche Fehlentwicklungen in Großunternehmen auftreten, wurde selbst von den verantwortlichen Leitern der Großunternehmen nicht geleugnet. Dennoch muß festgestellt werden, daß — abgesehen von den Aussagen in Punkt zwei — die geschilderten Verhältnisse in Großunternehmen zwar nicht gerade atypisch sind, doch im Grunde genommen nicht durch die Unternehmensgröße bedingt sind, sondern durch ganz andere Faktoren.

Neben Mängeln in der Organisationsstruktur ist bei Großunternehmen relativ häufig festzustellen, daß die Inhaber von unternehmerischen und Leitungsfunktionen zu wenig Sachkenntnisse betriebswirtschaftlicher und technisch-naturwissenschaftlicher Art besitzen, um die Folgen getroffener Entscheidungen auch nur näherungsweise abschätzen zu können. Das Leistungsprinzip in den obersten Leitungsstufen ist oft völlig ausgeschaltet. Dieser Zustand setzt sich in abgemilderter Form nach unten hin durch, so daß letztlich in allen Bereichen mangelnde Ineffizienz festzustellen ist. Nur das Vorhandensein von großen Eigenkapitalsummen und stillen Reserven mit Mrd.-Beträgen überdeckt die Fehlentscheidungen, die nur allzu oft in Großunternehmen getroffen werden.

Die These, daß die Effizienz der Forschungsaufwendungen und darüber hinaus die Kapitaleffizienz einer Unternehmung, sofern sie nicht als Mischkonzern in zu vielen Sparten tätig ist, in erster Linie von der Qualifikation der obersten Unternehmensleitung in ebengenanntem Sinne abhängt und von dieser entscheidend beeinflußt werden kann, soll hier in den Raum gestellt werden. Durch eine Organisationsstruktur, die dem jeweiligen Produktionsprogramm eines Unternehmens gerecht wird, sind die Gefahren, die von Großunternehmen ausgehen können, auszuschalten bzw. einzuengen. Diese Forderung ist jedoch leichter aufgestellt, als sie zu erfüllen ist, da in der bisherigen Organisationsliteratur bestenfalls nur Ansätze zu erkennen sind, hinsichtlich der Leitungsstruktur in Abhängigkeit von Branche, Produktionstiefe und Sortimentsbreite Aussagen zu machen.

Allgemeine Aussagen qualitativer Art zur Organisationsproblematik in Abhängigkeit von der Unternehmensgröße zeigt Berger in der Form von Tendenzen auf. Seine Forderung, Betriebsvergleiche auf breiter Grundlage, z. B. durch ein Institut für Organisationsforschung, durchzuführen, um empirische Grundlagen für die Konstruktion von Leitungsstrukturen zu erhalten, ist mehr als berechtigt (30, S. 173).

Die Vorarbeiten von Böhrs (13) und Bünstorf (24) haben die Grundlagen für die Ermittlung der Arbeitsbelastung der Funktionsträger durch Leitungs- und Ausführungsfunktionen, der Bestimmung des Zentralisationsgrades der Funktionen und Funktionengruppen und der Bildung der Anzahl Leitungsstufen geschaffen, auf denen aufgebaut werden sollte.

Besonderes Gewicht müßte in Zukunft der Erarbeitung von erfolgswirksamen Kriterien — wie z. B. Erreichen eines bestimmten Produktivitätszuwachses bei vorgegebener Rentabilität innerhalb eines nicht zu kurzfristig zu bemessenden Zeitraumes — für die Träger von Leitungsfunktionen aller Bereiche beigemessen werden. Nach der Lösung dieses Problems, das sicher nicht mit zurechnungstechnisch verfeinerten Kosten-Nutzenkalkulationen erreicht werden kann, wird es möglich sein, auch die unnötig aufgeblähten Forschungsbudgets von Großunternehmen in den Griff zu bekommen. Allerdings müßte vorher eine Wandlung der Kosten- und Gewinnpolitik eingeleitet werden, die nur allzu oft von der Unternehmensleitung nach den Gesichtspunkten der Spannenrechnung der Zuschlagskalkulation betrieben wird. Hier scheint überhaupt ein Hauptproblem zu liegen, das zu fundamentalen Mißverständnissen und Mißdeutungen über die notwendige Höhe der Forschungsaufwendungen führte.

Die oft zu beobachtende Verhaltensweise von Unternehmen, einen bestimmten Prozentsatz vom Umsatz für Forschungs- und Entwicklungszwecke bereitzustellen, ist wohl hauptsächlich durch das Prinzip der Tragfähigkeit der Kosten durch die Kostenträger zu erklären. So sieht z. B. Steinhofer (31, S. 13) in der chemischen Industrie Forschungsaufwendungen von 5 Prozent des Umsatzes vor, die neben der Förderung der Grundlagenforschung an den Hochschulen und dem Gedankenaustausch zwischen Hochschule und Industrie das Auftreten von „technologischen Lücken“ gegenüber der Auslandskonkurrenz vermeiden sollen.

Die Frage, wie hoch die Forschungsaufwendungen eines Unternehmens sein müssen, hängt im Grunde nicht vom Umsatz, sondern vom jeweiligen Produktionsprogramm und den absoluten Forschungsaufwendungen und deren Effizienz vergleichbarer Konkurrenzunternehmen ab. Umsatzstarke Unternehmen mit einer geringeren Anzahl von Produktgruppen müßten demnach mit weit geringeren Prozentsätzen vom Umsatz für Forschungsaufgaben gegenüber Unternehmen mit Bruchteilen des eigenen Umsatzes auskommen. Aus Sicherheitsgründen werden solche Großunternehmen jedoch oft ein Vielfaches der absoluten Beträge der Forschungsaufwendungen ihrer Konkurrenten ausgeben, um ihre Marktstellung zu behaupten. Das führt dann zum scheinbar paradoxen Zustand, daß die absoluten Forschungsbudgets unnötig überhöht ausfallen, die Forschungskosten je Einheit der abgesetzten Erzeugnisse aber dennoch unter denjenigen der Konkurrenten liegen, so daß trotz feststellbarer Ineffizienzkriterien der Forschungsabteilungen die Großunternehmen noch Kalkulationsspielräume besitzen, die entweder für höhere Kapitalrenditen oder für gezielte Preissenkungsmaßnahmen eingesetzt werden können. Voraussetzung hierfür ist jedoch ein weites Auseinanderklaffen der Marktanteile der betrachteten Unternehmen. Die Feststellung Lenels (4, S. 91), daß aufgrund amerikanischer Untersuchungen die Ausgaben für die Forschung „keineswegs in der Regel mit der Unternehmensgröße wachsen" — die vier größten von 352 untersuchten Unternehmen vereinigten 19,9 % der Umsätze auf sich, „aber nur 9,7 % der Beschäftigten für Forschung und Entwicklung" —, zielt daher aus oben genannten Gründen ins Leere.

Erst die Analyse des jeweiligen Produktionsprogramms der untersuchten Unternehmen und die Gegenüberstellung der absoluten Forschungsaufwendungen und der daraus erzielten Forschungsergebnisse schafft die Voraussetzungen für sinnvolle Aussagen bei Unternehmensgrößenvergleichen.

Die bereits genannten Aufwendungen für Forschung und Entwicklung von IBM in Höhe von vier Prozent des Umsatzes erscheinen in der Denkkategorie des Spannendenkens zwar minimal, doch die absoluten Aufwendungen von ca. 300 Mio. Dollar im Geschäftsjahr 1970 — verglichen mit den 31 Mio. Dollar des Konkurrenten Control Data (32) — zeigen doch offenbar, daß das Forschungsbudget von IBM — gemessen an den jeweiligen Produktionsprogrammen — relativ großzügig bemessen ist. Mit ihren geringen Forschungsaufwendungen gelang es Control Data, den mit bis zu „100 Millionen Befehlen pro Sekunde" schnellsten Computer der Welt zu entwickeln und zu produzieren.

Der Verlust 1970 von ca. 40 Mio. Dollar in der Computersparte bei einem Umsatz von 540 Mio. Dollar bei Control Data gegenüber einem Nettogewinn von ca. 1,02 Mrd. Dollar bei einem Umsatz von 7,504 Mrd.

Dollar der IBM zeigt jedoch das Dilemma auf, in dem sich auch forschungseffiziente Unternehmen wie Control Data befinden. Nur die Ertragskraft eines ausreichend großen Umsatzvolumens kann die Aufrechterhaltung der Liquidität und der Rentabilität eines Unternehmens sichern. Konzentration ist bei Vorhandensein eines starken Konkurrenten für die Unternehmen mit zu geringen Umsätzen in den relevanten Produktgruppen oft der einzige Ausweg, um aus dem Bereich zu niedriger Kapitalrendite herauszukommen, da nur bei angemessener Verzinsung des eingesetzten Kaiptals die Kapitalströme von außen und innen für die Finanzierung der Investitionen und damit für die Verwirklichung der Forschungsergebnisse ungehindert fließen können. Ferner ist bei Konzentrationstendenzen, die stark vom Forschungs- und Entwicklungsbereich beeinflußt werden, zu bedenken, daß das Risiko von Forschungsprojekten, die sich dann im Markt als Fehlinvestition herausstellen, sehr groß werden kann. Das Entwicklungsrisiko kann in Branchen wie z. B. der Flugzeugindustrie so groß werden, daß selbst mehrere Unternehmen zusammen die Milliarden-Beträge für die Vorfinanzierung, wie z. B. bei der Entwicklung der Concorde, nicht aufbringen können, so daß der Staat das Risiko übernehmen muß.

Die Entwicklung des synthetischen atmungsfähigen Schuhobermaterials „Corfam" war für Du Pont eine Fehlinvestition von ca. 100 Millionen Dollar (33). Obwohl das anfangs gefeierte neue Produkt — mit mehreren Marketing-Feldzügen unterstützt — sieben Jahre auf dem Markt war, mußte die Produktion letztlich eingestellt werden. Hier werden aber auch die Grenzen sichtbar, die vom Markt gesetzt sind und selbst von Großunternehmen mit aufwendigen Werbefeldzügen nicht durchbrochen werden können.

Empirische Untersuchungen der Barnes Research Association Inc. in Chikago, die 500 größere amerikanische Unternehmen zum Thema Industrieforschung befragte, ergaben, daß 200 Direktoren dieser Unternehmen von den Resultaten der Forschung enttäuscht waren. Es wurde darauf hingewiesen, daß es gefährlich sei, die Forschungsausgaben in illusorische Höhen zu treiben (34, S. 10).

Äußerst negativ wirkt sich eine zu breit angelegte Forschung und Produktentwicklung in branchen- und unternehmensfremden Bereichen aus. Als Beispiel wird die American Machine & Foundry Company angeführt, die zwischen 1955 und 1966 das Forschungslaboratorium in einem Maße ausdehnte, das dann nicht mehr finanziert werden konnte, so daß 1967 das Forschungsbudget um 75 % gekürzt werden mußte (34, S. 10).

Auch die Zentralisation von ca. 800 Wissenschaftlern der IBM im Yorktown Heights Laboratorium erwies sich bereits nach vier Jahren als Fehlschlag, da zwar interessante Ergebnisse erzielt worden waren, diese kostspieligen „Spielereien“ sich jedoch selbst für ein Unternehmen wie IBM im Grunde nicht lohnten (34, S. 10).

Die genannten Untersuchungen und die zuvor angestellten Betrachtungen über den Einfluß der Forschungs- und Entwicklungskosten auf Konzentrationsbewegungen zeigten deutlich, daß mögliche erzielbare Kostensenkungseffekte bei den Entwicklungskosten je Einheit der Erzeugnisse ein starkes Konzentrationsmotiv darstellen. Die Schwierigkeiten der Integration der Forschungs- und Entwicklungsabteilungen in die meist produktgruppenorientierten Produktions- und Absatzbereiche von Großunternehmen dürfen dabei allerdings nicht außer acht gelassen werden.

1.2.3.3 Der Verlauf der Kosten im Absatzbereich

Aus Darst. 12 geht hervor, daß zum Absatzbereich die drei Kostenblöcke:

1 Absatzvolumenabhängige Kosten *AVK*
2 Marktabhängige Kosten *MAK*
3 Kundenauftragsabhängige Kosten *KAK*

gehören.

Die Zuordnung der Funktionen des Absatzbereiches zu den einzelnen Blöcken erkennt man aus Darst. 11. Von den absatzvolumenabhängigen Funktionen

F 301 Markt erforschen
F 302 Absatz planen
F 304 Kunden gewinnen und erhalten
F 305 Angebote ausarbeiten

ist die Interdependenz zwischen den Funktionen 304 und 305 zu der marktabhängigen Funktion

F 303 Werben

zu beachten. Die Auswirkungen dieser drei Funktionen auf den Konzentrationsprozeß sind erheblich, da hier nicht nur Kostensenkungseffekte als Anreiz zur verstärkten Konzentration dienen, sondern auch die Möglichkeit einer stärkeren Preisbeeinflussung durch marktstarke Anbieter gesehen werden muß.

Die Wirksamkeit der Werbeaufwendungen hängt neben den verschiedensten Einflußfaktoren im wesentlichen davon ab, ob es einem Unternehmen in einem bestimmten Absatzsegment (z. B. Absatzgebiet, Kundengruppen) gelingt, eine bestimmte Werbeaufwandsschwelle zu überschreiten. Ein räumlich und zeitlich zersplitterter Einsatz der Werbemittel ist unwirksam (35, S. 125). Somit setzt diese Werbeaufwandsschwelle bestimmte Unternehmensgrößen voraus, deren Umsatz in den einzelnen Produktgruppen groß genug sein muß, um diese fixen Kosten im Preis der Produkte weiterzugeben. Ein preissteigernder Effekt mit abnehmenden Zuwachskosten durch steigende Werbeaufwendungen läßt sich unter bestimmten Voraussetzungen nachweisen und dürfte auch als Werbeziel eine nicht unerhebliche Rolle spielen (36, S. 29).

Wesentliche Impulse für den Konzentrationsprozeß gehen jedoch von der Strategie der Absatz- oder Umsatzmaximierung eines Unternehmens in bestimmten Produktgruppen aus, wenn dieses Ziel mit erniedrigten Preisen und erhöhten Werbeaufwendungen erreicht werden soll. Dadurch werden die relativ kleinen Unternehmen gezwungen, ebenfalls ihren Preis zu senken und die Werbeaufwendungen zu erhöhen, wenn die betroffenen Produkte bezüglich Preis und Werbung konkurrieren (36, S. 75).

Da i. d. R. die Absatzsteigerung kurzfristig nicht so stark ausfällt, wie es die Konstanz der Werbekosten am Umsatz geboten hätte, steigt besonders bei dem relativ — in der betrachteten Produktgruppe — umsatzschwachen Unternehmen der Anteil der Werbekosten am Umsatz an. Diese Verdrängungspolitik führt meist dann zur kapitalmäßig untermauerten Konzentration — eine mehr oder weniger erzwungene Kooperation ist bei solchen Strategien zwar auch denkbar, aber weniger zu beobachten —, wenn das Unternehmen mit den stark ansteigenden Werbekosten je Einheit der Erzeugnisse mangels anderer gewinnbringender Produktgruppen keine Mischkalkulation in der Preisbildung betreiben kann und die Rentabilität des gesamten Kapitaleinsatzes in negative Bereiche abfällt.

Eine weitere Konzentrationsursache im Absatzbereich ist darin zu sehen, daß die Werbeaufwendungen vom Gewinn vor Steuern abgezogen werden können. Die Minderung des Nettogewinns durch überhöhte Werbeaufwendungen fällt bei der jetzigen Steuergesetzgebung mit Steuersätzen von über 50 % vom Gewinn vor Steuern nicht so stark ins Gewicht, so daß von dieser Seite her von Unternehmen mit „ausreichendem Gewinn" eine Art Verschwendung mit den Werbeaufwendungen getrieben und der Anreiz zur Verdrängungspolitik noch steuerlich gefördert wird. Besonders gravierend ist die Benachteilung der kleineren Unternehmen, die nicht über internen Produktausgleich zu positiven Rentabilitäten des Kapitaleinsatzes gelangen können, wie dies Konzernen mit breitgestreutem Produktionsprogramm möglich ist.

Auf diese steuerliche Begünstigung der Verdrängungspolitik großer Unternehmen hat auch Franke hingewiesen (36, S. 100). Es wäre deshalb an der Zeit, wenn der Gesetzgeber diese gesamte Problematik durch die Nichtabzugsfähigkeit der Werbeaufwendungen vom Bruttogewinn entschärfen würde, denn auch bei Würdigung der wissenschaftlichen Abhandlungen über die Notwendigkeit und Effizienz der Werbeaufwendungen aus betriebswirtschaftlicher Sicht heraus darf doch nicht übersehen werden, daß ein Großteil der Werbeaufwendungen — interne Schätzungen von Werbeexperten kommen auf ca. fünfzig Prozent — keinerlei Effizienz erbringt. Berücksichtigt man noch den Teil der gesamten Werbeaufwendungen einer Volkswirtschaft, der für reine Abwehrmaßnahmen der Konkurrenten untereinander ausgegeben wird, so ist der Anteil an den Werbeaufwendungen, der praktisch als „Blindleistung der Werbung" zu interpretieren wäre, nicht unbeträchtlich. Die amerikanischen Werbeaufwendungen betrugen z. B. 1969 schon ca. 20 Millionen Dollar (34, S. 10), so daß unter oben genannten Gesichtspunkten etwa 10—12 Milliarden Dollar dem Blindleistungsanteil zuzurechnen wären. Die häufig festzustellende Auslagerung der Funktion Werben aus den Unternehmen heraus kann dann zu aufgeblähten Werbebudgets führen, wenn die Unternehmen auf die Durchführung einer Werbeeffizienzkontrolle verzichten. Spezielle Werbeagenturen sind i. d. R. überfordert, wenn sie die komplexen Zusammenhänge der Werbeerfolgskontrolle auch noch wahrnehmen müßten. Ihr Interesse wird vielmehr darin zu suchen sein, einen möglichst hohen Werbeetat zu „verwalten". Überlagert sich zu dieser Verhaltensweise der Werbeagenturen noch eine nur aus Prestigegründen heraus zu erklärende Ausgabefreudigkeit der Absatzleiter, die selbst bei großen Auftragsbeständen und demzufolge langen Lieferfristen für bestimmte Produkte noch Millionenetats für die direkte Produktwerbung innerhalb dieses Zeitraums mit der Begründung bereitstellen, daß in der Branche eben ein „bestimmter Prozentsatz vom Umsatz" üblich sei, so ist die oft zu beobachtende Misere der Kapitalrendite — besonders bei großen, unkontrollierbaren Kapitalgesellschaften, deren Management sich quasi verselbständigt hat— zum Teil aus diesen Verhaltensweisen heraus zu erklären.

Analog zu der mangelnden Forschungseffizienz muß auch hier festgestellt werden, daß der tiefere Grund in der Ausschaltung des Leistungsprinzips innerhalb der obersten Leitungsstufen zu suchen ist. Mögliche Produktivitätssteigerungen durch die Konzentration infolge potentieller Kostensenkungsmöglichkeiten je Einheit der Erzeugnisse durch eine rational betriebene Werbepolitik bleiben unter oben genannten Bedingungen aus. Hier liegt vielfach die Chance von marktschwächeren Unternehmen, mit Hilfe einer sinnvollen Kooperation die sich bietenden Kostensenkungsmöglichkeiten durch die Schaffung einer gemeinsamen Marke zu nutzen.

Nach der Untersuchung des Einflusses der Werbekosten auf die Konzentration sollen die Bedingungen untersucht werden, die als Konzentrationsanreiz von den Absatzfunktionen ausgehen.

Nennenswerte Kostensenkungseffekte in Abhängigkeit von der Betriebs- und Unternehmensgröße bei den Funktionen

F 301 Markt erforschen

F 302 Absatz planen

F 305 Angebote ausarbeiten

dürften nicht gegeben sein, so daß allein die Kosten der Hauptfunktionen des Absatzes

F 304 Kunden gewinnen und erhalten

in Verbindung mit den zuzurechnenden Kosten der mittelbaren Funktionen

F 606 Transportieren jeglicher Art

F 607 Lagern jeglicher Art

auf ihren Einfluß auf Konzentrationstendenzen untersucht werden sollen.

Aus Gl. 24 erkennt man, daß bei weitgehender Fixkostenstruktur der absatzvolumenabhängigen Kosten *AVKJ* die Kostendegression allein von der abgesetzten Menge *MJ* ausgelöst wird.

$$\text{AVKE} = \frac{\text{AVKJ}}{\text{MJ}} \qquad (24)$$

AVKE = Absatzvolumenabhängige Kosten je Einheit
AVKJ = Absatzvolumenabhängige Kosten je Jahr in einer Produktgruppe
MJ = Menge je Jahr einer Produktgruppe

Durch diese Fixkostenstruktur des Absatzbereiches — die allerdings auch mit entsprechenden Dispositionen bei den personellen und technischen Kapazitäten weitgehend variiert werden kann innerhalb bestimmter Fristen — wird die Tendenz zur verstärkten Konzentration auf folgenden Wegen ausgelöst:

1. Beschleunigtes internes Wachstum soll eine stärkere Steigerung der Menge *MJ* gegenüber dem Anstieg der absatzvolumenabhängigen Kosten *AVKJ* bewirken, so daß die absatzvolumenabhängigen Kosten je Einheit sinken.

2. Durch externes Wachstum, z. B. durch Fusionen mit Konkurrenten, soll dasselbe Ziel erreicht werden, indem Absatzkapazitäten reduziert oder die vorhandenen Absatzkapazitäten besser genutzt werden.

3. Die Überlegung, durch verstärkte Diversifikation bestimmte Produkte mit in das Absatzprogramm aufzunehmen, ohne daß die produkt-

fixen Kosten im Absatzbereich erhöht werden müssen, führt ebenfalls auf eine Kostendegression hinaus. Besonders mit Hilfe der Deckungsbeitragsrechnung werden unter diesen Aspekten Rentabilitätssteigerungen rechnerisch geplant, die in vielen Fällen nur kurzfristig eingehalten werden können, weil die Rückwirkungen auf die Kosten des Herstellbereichs bei zersplitteter Produktion und die in der Zukunft doch fällige Erhöhung der fixen Absatzkosten bei solchen Rechnungen vernachlässigt werden. Es kann außerordentlich gefährlich werden, mit Hilfe der Deckungsbeitragsrechnung, die ganz anderen Zwecken dienen sollte, vom Absatzbereich ausgehend, das Sortiment zu erweitern und Wege zu beschreiten, die eine kapitalmäßige Konzentration nach sich ziehen. Das wäre z. B. bei Übernahmen von Unternehmen der Fall, die ähnliche Produktionsprogramme haben.

4. Externes Wachstum durch Aufkauf von Unternehmen, die ein Produktionsprogramm aufweisen, das komplementär zum eigenen ausgerichtet ist. Dadurch soll die Position der eigenen Produkte aus Marktgründen heraus gestärkt werden. Bei dieser Datenkonstellation werden zwar keine direkten Kostenvorteile durch produktionstechnisch verbundene Herstellverfahren erzielt, sondern nur Kostenvorteile im Absatzbereich verwirklicht. Diese Kostenvorteile sind aber vielfach nicht das Hauptmotiv für solche Arten von Konzentrationen, sondern es müssen hier die indirekten Kostenwirkungen zum Herstellbereich berücksichtigt werden, da die Überlegung, das eigene Programm vom Markt her durch komplementäre Produkte abzusichern, im Grunde auf eine Fixkostendeckung der bereits aufgebauten Kapazitäten hinausläuft.

Bei der Würdigung des Einflusses der Absatzkosten auf Konzentrationsvorgänge sollte die Interdependenz zwischen Absatzkosten und Fertigungskosten — hauptsächlich bei der langfristigen Sortimentsplanung — stets berücksichtigt werden. Eine Erhöhung der Absatzkosten, sowohl absolut als auch pro Einheit, ermöglicht in vielen Fällen erst eine Erhöhung des Fertigungsausstoßes, was in der Regel mit einer Senkung der Fertigungskosten einhergeht. Entscheidend ist, ob durch die Erhöhung der Absatzkosten die gesamten Stückkosten gesenkt werden können. Die Möglichkeit des Aufbaus von eigenen Absatzwegen durch kapitalkräftige Großunternehmen ist zwar gegeben, doch dürften die kostenmäßigen Vorteile, die daraus erzielt werden können, oft überschätzt werden. Der möglichen Einsparung von Handelsspannen bei den verschiedenen Absatzstufen steht der Zwang des Aufbaus vergrößerter eigener Fixkostenstrukturen im Absatzbereich gegenüber.

Der klassische Absatzweg Großhandel / Reisende bzw. Großhandel / Vertreter wird i. d. R. die niedrigsten Absatzkosten je Einheit der Erzeugnisse verursachen, da durch das breite Sortiment des Großhandels bedingt, die äquivalente Menge *MJ* in Gl. 24 weit über der eines Unternehmens liegt.

Empirische Untersuchungen von Richter (37. S. 180 ff.), der die Wirtschaftlichkeit der verschiedensten Absatzwege für Erzeugnisse der Süßwarenindustrie untersuchte, kommen zu aufschlußreichen Ergebnissen: Die durch hohe Fixkosten belasteten Absatzwege Einzelhandel / Reisende und Einzelhandel / Fahrverkäufer liegen von geringen bis zu hohen Umsätzen im untersten Bereich des Umsatzerfolges. Die Restgröße kundenauftragsabhängige Kosten des Absatzbereichs dürfte für Konzentrationsüberlegungen nicht relevant sein, da durch Anwendung der unterschiedlichsten Verfahren der Funktionserfüllung die Bearbeitungskosten eines Kundenauftrages in Grenzen gehalten werden können.

1.2.3.4 Der Verlauf der Kosten im Verwaltungsbereich

Durch die starke Differenzierung der Funktion bedingt, gehören zum Block der zentralen Verwaltungskosten gemäß Darst. 11 nur die Funktionen:

F 900 b Unternehmerische Funktion und Geschäftsleitungsfunktion
F 501 Betriebsaufbau und Betriebsablauf finanzieren
F 502 Geschäftsbuch führen und Bilanz erstellen
F 503 Betriebsabrechnung erstellen
F 114 Betriebszugang kontrollieren

Die kostenmäßigen Wirkungen bei Konzentrationsvorgängen sind unerheblich, da der Anteil an den Gesamtkosten minimal ist. Die fixe Struktur dieses Kostenblocks müßte bei wachsender Unternehmensgröße eine leichte Degression der Verwaltungskosten je Einheit, die nach bestimmten Schlüsseln auf die einzelnen Erzeugnisse „verteilt" werden, nach sich ziehen. Der Verlauf der zentralen Verwaltungskosten *ZVK* in Darst. 20 bestätigt diese These. Bei herkömmlichen Untersuchungen wird meist eine Progression der Verwaltungskosten bei wachsender Unternehmensgröße festgestellt, was ja im Widerspruch zur hier vertretenen These steht. Diese gegensätzlichen Aussagen sind durch die unterschiedlichen Abgrenzungen bedingt. Der große Block der mittelbaren Funktionen, die allen anderen Funktionen dienen, wird im System der Funktionalen Kostenkalkulation gesondert herausgestellt. Durch eine weitgehend verursachungsgerechte Umlage der mittelbaren Funktionskosten auf die verschiedensten Kostenblöcke der unmittelbaren Funktionen wird erreicht, daß die zentralen Verwaltungskosten kein Konglomerat von Residualgrößen der anderen Kostenblöcke darstellen.

1.2.3.5 Der Verlauf der mittelbaren Funktionskosten

Zum Block der mittelbaren Funktionskosten MFK gehören nach Darst. 11 die drei Gruppen der allgemein zu verteilenden Funktionskosten

IPK Indirekte Personalkosten
RK Raumkosten
StK Energiekosten

und die Kosten von 16 Funktionen, die in folgenden sechs Gruppen zusammengefaßt und nach jeweiliger Inanspruchnahme auf die Kosteneinflußgrößen der unmittelbaren Funktionen verrechnet werden:

AGK Arbeitsgestaltungskosten
TAK Technische Anlagendienstkosten
NDK Nachrichtendienstkosten
RBK Rechtsberatungskosten
BHK Bürohilfsdienstkosten
TLK Transport- und Lagerdienstkosten

Der prozentuale Anteil der Träger der mittelbaren Funktionen an der Gesamtzahl der Beschäftigten eines Betriebes ist erheblich. Aus Darst. 21 ist zu erkennen, daß bei dem Unternehmen mit 3000 Mit-

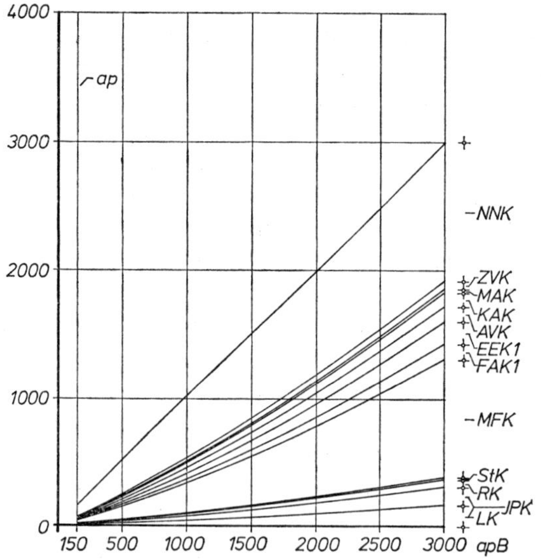

Darst. 21

arbeitern ca. 40 % der beschäftigten Personen dem Block der mittelbaren Funktionskosten zuzurechnen sind. Die Größe *MFK** enthält die Anzahl Personen, die für die Funktionserfüllung der 16 Funktionen

F 101	Betrieb organisieren
F 102	Arbeitsmethoden gestalten
F 103	Technische Verfahren auswählen und entwickeln
F 104	Methoden und Verfahren kalkulieren
F 107	Technische Betriebsmittel erstellen
F 108 b	Betriebsmittel erhalten
F 115	Nachrichten empfangen und weiterleiten
F 601	Rechtsfragen bearbeiten
F 602	Schreiben nach Ansage oder Vorlage
F 603	Rechnen nach gestellten Aufgaben
F 604	Registrieren nach Vorschrift
F 605	Postsendungen fertigmachen
F 608	Übersetzen aus und in fremde Sprachen
F 609	Leitungshilfe
F 606	Transportieren jeglicher Art
F 607	Lagern jeglicher Art

eingesetzt wurden.

Die doch beträchtliche Progression dieser Kosten weist darauf hin, daß mit zunehmender Unternehmensgröße die Effizienz — jedenfalls in diesem Bereich — nicht immer gesteigert werden kann. Diese Progression im mittelbaren Funktionsbereich entspricht in etwa der Annahme der steigenden Verwaltungskosten, die von Robinson und Schmalenbach vertreten, von Florence aber angezweifelt wird (25, S. 28).

Die Beschränkung des Problems allein auf das Verhältnis von Leitungspersonal zu Gesamtpersonal, wie es von Kieser (25, S. 29) abgehandelt wird, genügt bei weitem nicht, da der Anteil des Leitungspersonals — LK in Darst. 21 — im Verhältnis zum gesamten Block der mittelbaren Funktionskosten minimal ist. Die Progression der Größen *IPK* und *MFK** in Darst. 21 darf jedoch nicht nur dahingehend interpretiert werden, daß die Unternehmen mit zunehmender Größe beachtliche Kostennachteile in diesem Bereich hinnehmen müßten. Durch die meist überproportional zur Anzahl der Beschäftigten wachsende Menge der hergestellten und abgesetzten Erzeugnisse würde sich die Progression der Kosten erheblich abschwächen, wenn nicht sogar in eine Degression umschlagen. Das Problem, ob größere Unternehmen in gewissen Bereichen Nachteile gegenüber kleineren Unternehmen hinnehmen müssen, kann hier nicht erschöpfend geklärt werden, da auch noch so breit angelegte empirische Untersuchungen über Kostenverläufe in den einzelnen Bereichen kein endgültiges Urteil über die Gesamteffizienz der eingesetzten Produktionsfaktoren zulassen. Hier helfen nur Produktivitäts- und Rentabilitätsuntersuchungen weiter, da es primär nicht auf die Feststellung von Progressionen und Degressionen von Kosten in bestimmten Betriebsbereichen ankommt, sondern auf das Zusammenspiel der Produktivkräfte.

Interpretiert man die Ergebnisse der Darst. 21 aus dieser Sicht heraus, sind zunehmende Reibungsverluste durch zu lange Instanzenwege und die schwierige Integration der Ergebnisse der Spezialisten zu einer einheitlichen Produktkonzeption von der Idee bis zur Verwirklichung bei wachsenden Unternehmen nicht auszuschließen. Letztlich handelt es sich aber hier um Organisationsprobleme, denn vom theoretischen Standpunkt ist es nicht zu erklären, daß die durch zunehmende Konzentration entstehenden Konzerne irgendwelche Kostennachteile zwangsläufig in Kauf nehmen müßten, da ihnen ja alle Möglichkeiten der organisatorischen Gestaltung offenstehen, der sich auch die kleineren Unternehmen bedienen.

Schließt man sich der Forderung von Böhrs (13, S. 38), daß das Leiten nicht nur ein Durchdenken der Probleme der Funktionen an sich erfordert, sondern auch ein ständiges Denken darüber, wie durch die Arbeit und die Zusammenarbeit der Mitarbeiter die konkreten Sacherfüllungen am besten gefördert werden können, an, so wird man die Schlußfolgerung treffen müssen, daß die Inhaber von Leitungsfunktionen die Sachzusammenhänge der unterstellten Bereiche voll beherrschen müssen. Dies wird aber i. d. R. durch die direkte Mitarbeit an der Funktionserfüllung erleichtert.

Die Untersuchungen von Bünstorf (24, S. 105), soweit sie sich auf den quantitativen Nachweis der Mitwirkung der Leiter an den ausführenden Funktionen beziehen, kommen hier zu aufschlußreichen Ergebnissen. Der Anteil der Leitungstätigkeit der Leiter der Mittelbetriebe liegt bei ca. 30 %, während dieser Satz bei den höheren Leitern in Großbetrieben auf ca. 55 % steigt. Die relativ große Mitwirkung der Leiter der Mittelbetriebe an den ausführenden Funktionen dürfte ein wesentlicher Grund für die oft zitierte Flexibilität der Mittelunternehmen gegenüber Großkonzernen sein, auf die Thomas (2, S. 119) aufmerksam macht.

Der Existenz der „economies of scale" im Verwaltungsbereich auf die Kieser (25, S. 18) hinweist, dürfte kaum eine praktische Relevanz zuzusprechen sein.

Eine Art „organisatorische Dekonzentration" und Dezentralisation innerhalb großer Konzernunternehmen ist durch die zunehmende Aufsplitterung in getrennt voneinander operierende Geschäftsbereiche, die nur noch durch einige koordinierende Ressorts zusammengefaßt werden, in der Praxis festzustellen. Sieht man einmal von allen möglichen Vorteilen der weiterhin zentralisierten Ressorts, wie z. B. des Finanz-, Rechts-, Patent- und Steuerwesens ab, so beweisen die Konzernunternehmen durch ihren Weg hin zur organisatorischen Anpassung der unbeweglich gewordenen Funktionsbereiche mit ihrem zu breit gestreuten Produktionsprogramm an die Verhältnisse von mittleren Unternehmensgrößen mit 5000—7000 Beschäftigten, daß es in Wirklichkeit keine „economies of scale“ im Verwaltungsbereich gibt. Konzentrationstendenzen, die keine nachweisbaren Produktivitätsforschritte im Entwicklungs-, Herstell- und Absatzbereich nach sich ziehen, haben deshalb aus kostentheoretischer Sicht heraus keine Berechtigung.

Überwiegend bei Fusionen können — durch langjährige Umorganisation zweier aufeinander treffender Organisationsgebilde bedingt — beträchtliche Reibungsverluste entstehen, die sich in einem schlagartigen Absinken der Rentabilität und Produktivität niedergeschlagen. Hauptsächlich durch die Verschwendung von Leitungsaktivitäten im „innerbetrieblichen Existenzkampf“ wird die optimale Nutzung der technischen Kapazitäten verhindert. Aus diesem Grunde sollten Kooperationen vermögensrechtlich wirksamen Konzentrationen vorgezogen werden. Zusätzliche organisatorische Schwierigkeiten bei der Funktionserfüllung — F 101 Betrieb organisieren — treten dann nicht in Erscheinung.

Will man die zunehmenden Organisationsschwierigkeiten wachsender Unternehmen in den Griff bekommen und somit die nachteiligen Wirkungen der Konzentration ausschalten, müßte man über gesicherte Erkenntnisse der Organisationstheorie verfügen, die aber nur in der Form von Hypothesen vorliegen. Böhrs (35, S. 39) leitet von der Beherrschung der Leitungsprobleme her eine „maximal-optimale Betriebsgröße“ von ca. 4200 Beschäftigten ab, die auf der Annahme von 5 Leitungsstufen und 15 Mitarbeitern je Leitungsbereich 1. Stufe fußt. Eigene empirische Untersuchungen kommen zum Ergebnis, daß die Leiter von Unternehmen aus den verschiedensten Branchen diese These in etwa bestätigen und bei Betriebsgrößen von über 7000 Beschäftigten das Maximum sehen. Selbstverständlich kann bei einfach gelagerter Produktion, wie z. B. der Automobilindustrie, wo in der 1. Stufe ca. 50 Mitarbeiter je Leiter unterstellt sind, diese Größe auf ein Vielfaches steigen.

Immerhin ist die Konzeption des größten Chemie-Unternehmens der Welt, Du Pont de Nemours, recht aufschlußreich. Bei einer Beschäftigtenzahl von 113 200 im Jahre 1968 (38) erreichte die maximale Beschäftigtenzahl in den jeweiligen Produktionsstätten höchstens 5000 bis 6000 (39). Durch diese spezifische Investitionspolitik von Du Pont, die immer dort, wo es technisch möglich war, für einzelne Produkte und

Produktgruppen Neugründungen von Betrieben vorsah, wurden für deutsche Verhältnisse überdurchschnittliche Rentabilitätsgrößen von über 20 % vor Steuern erzielt.

Die theoretisch berechnete optimale Betriebsgröße von Böhrs, die sich in etwa mit der Konzeption von Du Pont deckt, sollte jedenfalls bei zukünftigen Konzentrationsüberlegungen zu denken geben, denn Kostenvorteile im Herstellbereich sind bei dieser Konzeption mit Betriebsgrößen von über 6000 Beschäftigten in der Chemieindustrie nicht zu begründen, da kaum anzunehmen ist, daß Du Pont auf mögliche Kostenvorteile im Herstellbereich verzichtet hat, nur um die Betriebsgröße aufgrund einer leichteren Leitungstätigkeit zu limitieren.

Aus den bisherigen Untersuchungen ergibt sich, daß für den Bereich der unmittelbaren Funktionen Betriebsgrößen von 4000—7000 Beschäftigten als „optimal" anzusehen sind. Mögliche Konzentrationsmotive, die auf weiteren „economies of scale" in diesem Bereich bei darüber liegenden Betriebsgrößen aufbauen, dürften bei nicht allzu einfachen Produktionsprogrammen nicht relevant sein.

Als Begründung für die organisatorische Dezentralisation in voneinander unabhängig operierende Geschäftsbereiche schreibt der Vorstand der Farbwerke Hoechst AG (40, S. 15):

„Diese Aufgliederung ist in dem Wachstum der Produktions- und Geschäftsgebiete begründet, die an Bedeutung und Umfang stark gewonnen haben. Vor allem ging es aber darum, jeden der neuen Geschäftsbereiche möglichst selbständig und aktionsfähig zu machen. Jeder Geschäftsbereich erhielt eine Geschäftsführung, die sich aus Vertretern von Produktion, Verkauf, Forschung, Anwendungstechnik sowie Planung und Ergebnisrechnung zusammensetzt.

Ein Mitglied der Geschäftsführung fungiert als Sprecher des Bereichs. Bei diesen Bereichsleitungen liegt seit dem 1. Januar 1970 weitgehend die unternehmerische Zuständigkeit und Initiative für die ihnen anvertrauten Teile der Firma. Die Mitglieder der Bereichsgeschäftsführungen beruft der Vorstand, dem gegenüber sie gemeinsam die Verantwortung für ihre Bereiche tragen. Den entscheidenden Vorteil dieses Organisationsprinzips sehen wir in der wirkungsvollen Zusammenarbeit in den einzelnen Bereichen und einer rationellen Aufgabenteilung. Ferner garantiert das System in einem ständig expandierenden Unternehmen die weltweite Koordination. Die Vereinigung aller wichtigen Funktionen innerhalb eines Bereiches ermöglicht in kleinerem Kreis rasch eine interne Abstimmung.

Durch die neue Organisation haben die einzelnen Geschäftsbereiche ein großes Maß an Selbständigkeit gewonnen. Viele Entscheidungen können nun von ihnen selbst getroffen werden. So bringt das neue System eine bei der Dynamik des Unternehmens nötige Entlastung des Vorstands, der sich noch intensiver den unternehmenspolitischen Problemen und Zielen widmen kann."

Bei Verwirklichung dieser angegebenen Ziele der Umorganisation des Farbwerke Hoechst-Konzerns mit seinen 76 700 Mitarbeitern in

14 Geschäftsbereiche könnten die Nachteile dieses Chemiekonzerns gegenüber spezialisierten Unternehmen der Branche beseitigt werden. Die Konzentrationswirkungen wären demnach aus kostentheoretischer Sicht heraus — eine mögliche Degression der Kosten je Einheit im Forschungs- und Absatzbereich soll hier ausgeklammert werden — bei Betriebs- und Unternehmensgrößen der Chemieindustrie von 6000 Beschäftigten aufwärts weitgehend „kostenneutral". Mögliche Kostenvorteile sind dann mehr oder weniger unabhängig von der jeweiligen Betriebs- und Unternehmensgröße. Sie sind zum Teil durch hohe Marktanteile bei den einzelnen in Betracht kommenden Produktgruppen zu erzielen, weil dann die produktgruppenfixen Kosten je Einheit in den verschiedensten Funktionsbereichen ihr Minimum erreichen.

Die Analyse der Produktionsprogramme unterschiedlicher Unternehmensgrößen zeigt aber, daß sich diese Bedingungen dann nicht zwangsläufig mit wachsender Unternehmensgröße einstellen, wenn das Wachstum durch Verbreiterung des Produktionsprogramms erkauft wird. So umfaßt z. B. das Verkaufsprogramm des Hoechst-Konzerns nicht weniger als 40 000 Einzelprodukte (41, S. 35). Bei dieser Produktvielfalt dürften nur in ganz wenigen Bereichen obengenannte Kostenvorteile gegenüber spezialisierten Unternehmen weit niedrigerer Größenordnungsbereiche relevant sein.

1.2.4 Der Einfluß der unternehmerischen Funktionen auf die Höhe der Kosten in Abhängigkeit von der Unternehmensgröße

Zu den unternehmerischen Funktionen zählt Böhrs (3, S. 41) folgende Funktionen:

01 Setzen der Betriebszwecke
02 Bestimmen des Standorts des Betriebes
03 Fixieren der bei Erfüllung der Betriebszwecke einzuschlagenden Betriebspolitik
04 Bereitstellen des zur Erfüllung der Betriebszwecke erforderlichen Kapitals
05 Einsetzen der obersten Leitung des Betriebes
06 Entscheiden über die Verwendung entstandener Gewinne und die Deckung etwaiger Verluste
07 Überwachen der Erfüllung der Betriebszwecke

Von diesen sieben unternehmerischen Funktionen sind für die vorliegende Untersuchung die Funktionen 01 Bereitstellen des Kapitals und 06 Gewinnverwendung von besonderem Interesse: Können in einer Volkswirtschaft überhöhte Gewinnspannen am Markt durchgesetzt werden, ist die Kapitalbeschaffungsfunktion von zweitrangiger Bedeutung, da langfristige Investitionen überwiegend durch Selbstfinanzierung und mit Hilfe kurz- und mittelfristiger Kredite getätigt werden können. Finanzierungsvorteile von Großunternehmen und somit mögliche Konzentrationsmotive sind hier unbedeutend. Solch eine Datenkonstellation war nach dem Zweiten Weltkrieg von 1949 bis 1960 in Deutschland gegeben, als ca. zwei Drittel der für Investitionen benötigten Mittel durch Selbstfinanzierung und Investitionsfinanzierung der öffentlichen Hand aufgebracht wurden, was zu einer sozialpolitisch wenig befriedigenden Eigentumsstreuung an Sachvermögen führte (42, S. 196).

Dieser Selbstfinanzierungsspielraum der deutschen Unternehmen hat sich infolge stark gedrückter Gewinnmargen durch die zunehmende Konkurrenz im erweiterten EWG-Markt zunehmend verengt. Im ersten Halbjahr 1971 konnte der Aufwand für Bruttoinvestitionen in Höhe von 87 Mrd. DM nur zu 16 % aus Gewinnen finanziert werden (42, S. 34).

Diese Entwicklung zwingt die Unternehmen, verstärkt auf die Außenfinanzierung zurückzugreifen, was wiederum zu einer sinkenden Eigenkapitalquote führt. Die Deutsche Bundesbank hat einen Rückgang der Eigenkapitalquote der Unternehmen von 30 % im Jahr 1967 auf etwa 27 % im Jahr 1969 festgestellt, während bei isolierter Betrachtung der Aktiengesellschaften ein Rückgang von 34 auf 33 % registriert werden muß (43, S. 34).

Finanzierungs- und damit Kostenvorteile fallen besonders den Großunternehmen bei der langfristigen Kapitalbeschaffung durch die Emission von Industrieobligationen, die „überwiegend ein Reservat der ganz großen Unternehmen ist", zu (44, S. 201).

Durch das Arbeiten mit Globalsicherung und Gleichrangrahmen kann der Block der kurz- und langfristigen Schulden — ohne zusätzliche grundbuchliche Komplikationen der Sicherung — laufend der jeweiligen Gewinn- und Investitionslage angepaßt werden (44, S. 213).

Die Kostenvorteile der Großunternehmen von der Kapitalbeschaffungsseite her müssen darin gesehen werden, daß die für die Verwirklichung des technischen Fortschritts benötigten Mittel überhaupt beschaften werden können, was kleineren Unternehmen oft versagt ist. Die eigentlichen Finanzierungskosten, die im wesentlichen durch die Höhe des Zinssatzes beeinflußt werden, spielen dagegen eine untergeordnete Rolle, da ihr Anteil die Gesamtkosten i. d. R. kaum beeinflußt, wenn man einmal von extrem kapitalintensiven Betrieben absieht (45, S. 301).

Die empirischen Untersuchungen führten zu folgendem Ergebnis: Große Konzernunternehmen sehen ihren Finanzierungsvorteil keineswegs darin, daß sie u. U. minimale Verbesserungen der Finanzierungskonditionen erreichen, sondern im gezielten Einsatz der geballten Finanzkraft für Schwerpunktinvestitionen. Will man die bestehenden Finanzierungsvorteile der Großunternehmen, die dem Konzentrationsprozeß gerade in letzter Zeit einige Impulse gegeben haben, abschwächen, müßten vor allem die Bedingungen für den Zutritt zum langfristigen Kapitalmarkt für die kleineren Unternehmen verbessert werden. Dennoch sollten die Wirkungen, die von der leichteren Fremdkapitalbeschaffung der Großunternehmen auf den Konzentrationsprozeß ausgehen, nicht überschätzt werden, da in vielen zu beobachtenden Fällen die Aufgabe der unternehmerischen Selbständigkeit und der Anschluß an ein Konzernunternehmen durch andere Motive bedingt sind, die im empirischen Teil der Arbeit untersucht werden sollen.

Von entscheidender Bedeutung für den Konzentrationsprozeß ist dagegen die Gewinnverwendungspolitik großer Konzerne und multinationaler Unternehmen. Durch hohe einbehaltene Gewinne werden Finanzüberschüsse gebildet, die die Basis für eine rasche interne und externe Expansion bilden. Die einbehaltenen Gewinne der Jahre 1965 bis 1969 betrugen so z. B. bei IBM 2,075 Mrd. Dollar, die für die weltweite Expansion durch internes Wachstum verwendet wurden (46). Demgegenüber ist die Summe von 13,6 Mrd. DM, die von den deutschen Aktiengesellschaften in den letzten zehn Jahren (1961—1970) durch Kapitalerhöhungen mit Bezugsrecht und Emissionen von Wandelanleihen hereingeholt werden konnte, minimal (47, S. 17). Die hohen Finanzüberschüsse multinationaler Unternehmen — und hier besonders die der amerikanischen Muttergesellschaften — führten somit zwangsläufig zu einer verstärkten Konzentration in einigen Branchen. Bedenklich wird dieser Kapitallenkungsprozeß dann, wenn die Kapitalkraft dieser multinationalen Unternehmen für gezielte Preissenkungen bei bestimmten Produktgruppen auf regionalen Märkten eingesetzt wird, um Konkurrenten auszuschalten bzw. fernzuhalten, oder wenn dieser Prozeß zur reinen Vermögenskonzentration entartet, da in beiden Fällen die Produktivitätsentwicklung aufgrund von Kapitalfehlleitungen gehemmt werden kann.

Mögliche Konzentrationsursachen im Bereich der finanziellen Sphäre der Unternehmen können durch unterschiedliche kreditpolitische Maßnahmen der verschiedenen nationalen Zentralbanken ausgelöst werden. Diese kreditpolitischen Maßnahmen können besonders Rückwirkungen auf Branchen ausüben, die stark exportorientiert sind und somit für wesentliche Teilbereiche ihres Produktionsprogramms mit scharf kalkulierten Weltmarktpreisen rechnen müssen. Oft ist der Eintritt in Weltmarktpreise nur unter Deckungsbeitragsgesichtspunkten, also unter

Vollkosten möglich, was natürlich voraussetzt, daß ein wesentlicher Teil des Produktionsprogramms einen gesicherten Absatz im Inland findet.

Vergleicht man die von kreditpolitischen Maßnahmen besonders stark abhängige Maschinenindustrie Deutschlands und Englands miteinander, so ist festzustellen, daß Mitte der Fünfziger Jahre die Produktion gleich war, aber bereits 1970 in Deutschland 40 Prozent mehr Maschinen hergestellt wurden als in Großbritannien. Die Nettoproduktion je Beschäftigten erreichte im britischen Maschinenbau 1970 ca. 5500 Dollar, während die entsprechenden Werte in anderen westeuropäischen Industrieländern bei 7500 Dollar lagen. Die Investitionen lagen 1970 im britischen Maschinenbau bei ca. 400 Dollar je Beschäftigten, im deutschen dagegen bei knapp 900 Dollar.

Die britische Maschinenbauindustrie selbst hat diese Verhältnisse eingehend untersucht und dabei zum Teil eine Erklärung im unbefriedigenden Wirtschaftswachstum Großbritanniens gefunden, das durch die „Stop and go"-Politik und der damit verbundenen niedrigen Investitionsquote bestimmt wurde. Somit konnte dem britischen Maschinenbau auf seinem Binnenmarkt, der ca. zwei Drittel der Erzeugnisse aufnimmt, nicht die notwendige Basis für die Entwicklung technologisch hochwertiger Maschinen geboten werden, was zu einem ständigen Rückfall gegenüber der deutschen Konkurrenz führte (48).

Durch die Erweiterung des EWG-Marktes in den nächsten Jahren mit der Folge des Wegfalls jeglicher Zollschranken dürfte mit Sicherheit in der Zukunft gerade in dieser Branche ein Konzentrationsprozeß ausgelöst werden, dessen Ursachen weitgehend in der oben genannten Kreditpolitik zu suchen sind.

1.3 Preispolitische Überlegungen bei Konzentrationsvorgängen

Naturgemäß spielen preispolitische Intentionen der Unternehmen bei Konzentrationsvorgängen aus der Sicht der Abnehmer und Kartellbehörden eine größere Rolle, als es die beteiligten Unternehmen zugestehen wollen, die meist wettbewerbsbeschränkende Motive weit von sich weisen. Die verschiedensten Formen der Wettbewerbsbeschränkungen sind von Kantzenbach (1, S. 101 ff.) zusammengestellt worden, der besonders die Wettbewerbsintensität bei oligopolistischer Verhaltensweise analysiert hat und auf den Unterschied zwischen den oligopolistischen Verhaltensweisen der Preistheorie einerseits und den abgestimmten Verhaltensweisen andererseits hinweist (1, S. 103). Die Abstimmung des Preisverhaltens zwischen Oligopolisten ist nach Kantzenbach vorwiegend auf die Methode der Preiskalkulation beschränkt, so daß Kostensenkungen bei einzelnen Anbietern zu Preissenkungen führen (1, S. 106).

Die Methoden der Preiskalkulation bauen jedoch meist — völlig abweichend von der marginalistischen Preistheorie und dem Prinzip der Gewinnmaximierung — auf dem Vollkostenprinzip auf. Die beiden Oxforder Nationalökonomen Hall und Hitch haben aufgrund empirischer Untersuchungen über die Preisbildung schon im Jahre 1939 darauf aufmerksam gemacht, daß sich der Preisbildungsprozeß in den Unternehmen weitgehend an dem Vollkostenprinzip (full cost principle) ausrichtet (49, S. 259). Die Basis für die Ermittlung der Preise bilden nach diesem Prinzip die Durchschnittskosten, auf die ein prozentualer Aufschlag für die Gewinnmarge vorgenommen wird (49, S. 260).

Eigene empirische Befragungen in ca. 45 Unternehmen aus den verschiedensten Branchen bestätigen im Prinzip diese von Hall und Hitch gemachten Erfahrungen. Allerdings vollzieht sich der Preisbildungsprozeß etwas differenzierter, und der Begriff der Grenzkosten spielt durchaus unter gewissen Bedingungen eine Rolle. Es ist auch nicht so, daß die Unternehmer die Grenzkosten — mangels richtiger Ermittlung — nicht in der Preiskalkulation verwenden, da durch das starke Aufkommen der Deckungsbeitragsrechnung in den letzten Jahren die Unternehmen auf dem Gebiet der Preiskalkulation die starren Bahnen der Zuschlagskalkulation verlassen mußten. Nur ist das Prinzip der „Gewinnmaximierung" heute in dynamischen Branchen einer Wettbewerbswirtschaft völlig anders auszulegen als es in der Preistheorie geschieht. Gewinnmaximierung bedeutet nicht, daß mit Hilfe von Preis-Absatzfunktionen, Grenzumsatz und Grenzkosten ein „gewinnmaximaler Preis" eines Produktes festgelegt wird, sondern unter Gewinnmaximierung verstehen die Unternehmensleitungen heute weitgehend die optimale Anpassung ihres Produktionsprogramms an bestehende Marktpreise. Vollkostenkalkulationen sind für diese speziellen Zwecke als alleiniges Instrumentarium des Rechnungswesens ungeeignet, so daß auf jeden Fall auf die Grenzkosten zurückgegriffen werden muß.

Sind die Unternehmen nicht an eingependelte Marktpreise gebunden, werden in der Preiskalkulation folgende Wege beschritten:

1. Die Durchschnittskosten werden bei einem bestimmten Nutzungsgrad der Anlagen für ein Produkt oder ein Sortiment errechnet. Die Verzinsung des Kapitals ist durch den Ansatz der kalkulatorischen Zinsen in der Kostenkalkulation in den Durchschnittskosten enthalten, so daß der Gewinnaufschlag den Gewinnsteueranteil und den Nettogewinn in der Kostenrechnung darstellt. Die „angemessene" Höhe des prozentualen Gewinnaufschlags wird in den einzelnen Branchen äußerst unterschiedlich angesehen, wobei man sich meist an in der Vergangenheit erreichten Sätzen orientiert, die gehalten werden sollen.

Diese Methoden der Preiskalkulation sind besonders auf oligopolistischen Märkten zu beobachten und führen zu einer gewissen Starrheit in der Preispolitik. Die Gefahr des völligen preispolitischen Fehlverhaltens — besonders in erstarrten Branchen — ohne Rücksicht auf Markttendenzen ist hier latent gegeben.

Der Versuch von Ott (49, S. 261 ff.), die Diskrepanz zwischen der Marginaltheorie und dem Vollkostenprinzip zu überbrücken, bleibt für die Preispolitik der Unternehmen ohne Bedeutung, da der mathematische Ansatz mit Hilfe der Aufschlagskalkulation auf die durchschnittlichen variablen Kosten nur per Zufall zum Cournotschen Punkt C, also zur Gewinnmaximierung, führen würde. Der Widerspruch liegt in der Ausgangsgleichung begründet, aus der Ott den prozentualen Aufschlag s errechnen will. Diese Gleichung mit zwei Unbekannten ist nicht lösbar.

Die Vollkostenpreisfunktion

$$p_A = \frac{Kv}{x}(1 + s) \tag{25}$$

wird nach s aufgelöst:

$$s = \frac{p_A - \frac{Kv}{x}}{\frac{Kv}{x}} \tag{26}$$

s = prozentualer Anschlag
p_A = Preis
Kv = variable Kosten
x = Menge

Der gesuchte prozentuale Aufschlag s, der zum gewinnmaximalen Punkt führen soll, ist nicht kalkulierbar, da der gewinnmaximale Preis p_A ja selbst eine Unbekannte ist.

Es besteht demnach weiterhin ein unlösbarer Antagonismus zwischen der Vollkostenkalkulation und der marginalen Preistheorie.

2. Neben der Zuschlagskalkulation, die in der Industrie noch sehr stark verbreitet ist, werden die Methoden der Rentabilitätskalkulationen zunehmend angewendet. Die angestrebte Gewinnmarge richtet sich nicht an den Durchschnittskosten aus, sondern kommt in einer bestimmten Verzinsung des Kapitaleinsatzes zum Ausdruck. Kalkulatorische Zinsen, Gewinnsteuern und Gewinnmarge vermischen sich in der Position der kalkulatorischen Kapitalkosten. Die Rentabilitätskalkulationen werden besonders von Unternehmen in Wachstumsbranchen angewandt. Starre Sätze — die in den einzelnen Branchen wiederum stark differenzieren — für die angemessene Höhe der angestrebten Kapitalverzinsung sind die Regel. Die Höhe der Kapitalrendite bei Investitionen für neu auf den

Markt kommende Produkte bzw. Produktgruppen richtet sich nach bereits erreichten Sätzen bei ähnlichen Erzeugnissen des laufenden Produktionsprogramms.

Starke Nachfragesteigerungen bei bestimmten Produkten führen nur selten zu Preiserhöhungen — wie es ja die Preistheorie unterstellen würde —, sondern zu verlängerten Lieferfristen, die erst nach forcierten Kapazitätserweiterungen abgebaut werden können.

Der Preis ist als alleiniger Parameter des absatzpolitischen Instrumentariums besonders auf heterogenen Märkten heute nicht mehr relevant. Durch das Konzept des „Marketing Mix", das Neil Borden von der Harvard Business School entwarf, wird die Preispolitik ohnehin nur als ein Element des absatzpolitischen Instrumentariums aufgefaßt (50, S. 246). Das Produkt selbst, das Produktprogramm, die Absatzkanäle, die Werbung, die Verkaufspolitik, die Marke, Verpackung, Lieferzeiten und der Kundendienst sind ebenso wie der Preis Komponenten des absatzpolitischen Instrumentariums.

Durch die Vielzahl der Produkte bedingt, die hinter den Konzernunternehmen meist stehen, lassen sich aus den genannten Bedingungen kaum größere direkte Reduktionen der Wettbewerbsintensität durch preispolitische Maßnahmen herleiten.

Größer muß jedoch die Gefahr der unterbliebenen Produktivitätssteigerungen in erstarrten, zu stark konzentrierten Branchen eingeschätzt werden, da besonders hier durch das Kostenüberwälzungsprinzip auf die Preise nach Methode 1 eine mögliche Wettbewerbsintensität unterdrückt wird. Ist der Marktzutritt für weitere Unternehmen durch Absprachen, Kartelle usw. gesperrt, besteht wenig Anlaß für die etablierten Unternehmen, ihre Kostenstruktur und damit ihre Preispolitik unter allen Umständen der jeweiligen technischen und organisatorischen Entwicklung anzupassen. Überhöhte Kosten und somit überhöhte Preise können die Auswirkungen solcher Konzentrationen sein.

Wurde hier die negative Wirkung der Konzentration vorweg als eine in Frage kommende Möglichkeit erörtert, so wird man doch i. d. R. davon ausgehen müssen, daß die zwischenbetriebliche Kooperation selbst dann positiv beurteilt werden sollte, wenn in dem betreffenden Wirtschaftszweig eine „Mäßigung und Ordnung des Wettbewerbs eintritt" (51, S. 234). Dieser Gedankengang von Fürst ist höchst bedeutsam, da ohne zwischenbetriebliche Kooperationen — hier müssen auch reine Preiskartelle als mögliche Kooperationsform einbezogen werden — die Gefahr des ruinösen Wettbewerbs mit der Folge des Ausschaltens von Konkurrenten wächst. Auch Kantzenbach weist darauf hin, daß bei überoptimaler oligopolistischer Interdependenz die Ausschaltung der

Preiskonkurrenz volkswirtschaftlich erwünscht ist. Demnach wäre es nach Kantzenbach nur folgerichtig, auf diesen Märkten reine Preiskartelle zuzulassen (1, S. 143).

Bei der Diskussion der Preispolitik stark konzentrierter Branchen — die Marktform des Oligopols wird nahezu fast automatisch als überwiegend existent betrachtet — wird oft die Abgrenzung der Marktanteile zu nationalistisch vorgenommen. Durch die ständige Erweiterung der Märkte und den Abbau von Zollschranken wird in vielen Branchen die Anbietermacht durch Unternehmenskonzentrationen in Grenzen gehalten.

Die vorausgegangenen Darlegungen zeigen, daß man den Unternehmen gewinnmaximierende, preispolitische Motive bei angestrebten Konzentrationen nur in den seltensten Fällen unterstellen kann. Bedenklich muß aber die zunehmende Inflexibilität — hier in der Preispolitik — der mehr oder weniger „verwalteten" Konzerne in bestimmten Branchen stimmen.

Diese Unbeweglichkeit führte z. B. in der Stahlindustrie zu dem Phänomen, daß in der Stahlhausse 1969/70 die vorhandenen Marktpreise nicht ausgenutzt wurden. Versorgungsengpässe bei bestimmten Produkten und die spekulative Nachfrage der Händler nach deutschem Stahl, der anschließend exportiert wurde, waren die Folge. Die Exportstatistiken des Jahres 1969 weisen für die Produzenten einen Rückgang von 3—4 Prozent auf, während die amtliche Außenhandelsstatistik eine deutliche Zunahme um 7 Prozent zeigt (52, S. 1).

Blieben hier mögliche Reservebildungen im Konjunkturaufschwung ungenutzt, scheute sich die gesamte Branche in der darauffolgenden Baisse des Jahres 1971 nicht, die Listenpreise zu erhöhen. Die Folge dieses Vorgehens zeigte sich im rapiden Anstieg der Stahlimporte des Jahres 1971. Bei bestimmten Produkten wurde die deutsche Stahlindustrie auf dem heimischen Markt sogar zum Außenseiter.

2 Vergleichende Betrachtungen der Effizienz ausgewählter Unternehmen aus mehreren Branchen

2.1 Die Problematik der Effizienzkriterien

Die Festlegung geeigneter Erfolgskriterien bei Unternehmens- und Betriebsvergleichen ist für die Aussagekraft der Ergebnisse von entscheidender Bedeutung. Die vorliegenden Untersuchungen stützen sich im wesentlichen auf eine Analyse der Gesamtkapitalrentabilitäten unterschiedlicher Unternehmensgrößen in den verschiedensten Branchen. Die Berechnung dieser produktionswirtschaftlichen Rentabilität geschieht derart, daß sowohl die unterschiedlichen Finanzierungsverhältnisse als auch die stark voneinander abweichenden Ausschüttungspraktiken keinen Einfluß auf die zu ermittelnden Werte ausüben. Diese Problematik wird nicht immer erkannt, so daß z. B. die Ergebnisse bezüglich der Gesamtkapitalrentabilität einer breit angelegten Auswertung der Jahresabschlüsse von Unternehmen verschiedener Gesellschaftsformen durch die Deutsche Bundesbank (53, S. 22 ff.) — die Jahresabschlüsse von über 37 000 Unternehmen des Jahres 1967 wurden in die Untersuchung einbezogen — keine große Aussagekraft über die Unternehmenseffizienz besitzen.

Durch die Einbeziehung der gewinnabhängigen Steuern in die Ausgangsdaten für die Berechnung der Gesamtkapitalrentabilität wird erreicht, daß willkürliche Einflüsse der Gewinnverwendungspolitik von der Kapitalseite einer Unternehmung her ausgeschaltet werden. Somit wird nicht nur ein betriebswirtschaftlich relevantes Erfolgskriterium für die Beurteilung der Unternehmenseffizienz nationaler Kapitalgesellschaften angewandt, sondern diese Methode ist auch für die Einbeziehung multinationaler Unternehmen in die Untersuchung geeignet, da hiermit unterschiedliche Gewinnsteuersätze auf den von einer Unternehmung erzielten Bruttogewinn neutralisiert werden. Wollte man auf die Vergleichbarkeit multinationaler Unternehmen verzichten und nur deutsche Unternehmen verschiedener Größenordnung in die Untersuchung einbeziehen, so würden bei Nichtberücksichtigung der Gewinnsteuer in die Berechnung der Gesamtkapitalrentabilität die Ergebnisse hauptsächlich durch die Existenz des gespaltenen Körperschaftssteuersatzes — die Körperschaftssteuer liegt im Falle der Thesaurierung um ca. 100 % über dem Satz bei Vollausschüttung — zu sehr verfälscht werden.

Die Berechnung der Gesamtkapitalrentabilität vor Steuern GKR_{vST} geht aus Gl. 27 hervor:

$$GKR_{vSt} = \frac{G_a + G_u + G_{St} + A_Z}{K} \quad (27)$$

G_a = ausgeschütteter Gewinn
G_u = im Unternehmen verbleibender Gewinn
G_{St} = Gewinnanteil für Steuern
A_Z = Zinsaufwendungen für Fremdkapital
K = gesamter Kapitaleinsatz (Bilanzsumme)

Bei Konzernunternehmen, die im Bereich der Großunternehmen die Regel sind, ergeben sich nur vordergründig zunächst gewisse Schwierigkeiten bei der Berechnung der Gesamtkapitalrentabilität. Eliminiert man die Beteiligungserträge, Erträge aus Gewinnabführungsverträgen und den Kapitaleinsatz im Bereich der Finanzanlagen bei der Muttergesellschaft, so wird vermieden, daß eine Mischung aus Eigenkapital- und Gesamtkapitalrentabilität in solchen Fällen die Vergleichbarkeit der Ergebnisse beeinträchtigen würde. Analoge Verhältnisse treffen auf die Konzernbilanzen selbst zu, die wiederum — meist sehr geringe — Beteiligungen enthalten, die außer Betracht bleiben müssen, sofern sie nicht in der konsolidierten Rechnung erfaßt wurden.

Die modifizierte Berechnung für Unternehmen mit nichtkonsolidierten Beteiligungen geht aus Gl. 28 hervor:

$$GKR_{vSt} = \frac{G_a + G_u + G_{St} + A_Z - E_B}{K - K_B} \quad (28)$$

E_B = Erträge aus Beteiligungen
K_B = Kapitaleinsatz für Beteiligungen

Neben der Berücksichtigung dieser Gesichtspunkte müssen in den Unternehmensvergleichen von Fall zu Fall voneinander abweichende aperiodische Aufwendungen und Erträge bei der Berechnung des tatsächlich erzielten Gewinns vor Steuern erfaßt werden, um so Verzerrungen in den Ergebnissen der Rechnung durch unterschiedliche Periodeneinflüsse zu vermeiden. Diese Rentabilitätsuntersuchungen werden durch spezielle Kostenanalysen und Produktivitätsberechnungen ergänzt. Dabei wird eine von Böhrs (54, S. 21 ff.) entwickelte Methode der betriebswirtschaftlichen Produktivitätsermittlung verwandt, die die Nachteile der bisherigen Teilproduktivitäten überwindet.

Ohne auf die einzelnen Variationsmöglichkeiten der Produktivitätsermittlung näher einzugehen, sollen hier nur die wichtigsten Größen der Berechnung der betrieblichen Produktivität erläutert werden. Der Produktivitätsänderungskoeffizient $k_{präp}$ der neben der Gesamtkapitalrentabilität zur Beurteilung der Unternehmenseffizienz bei unterschiedlichen Größen verwendet werden soll, ergibt sich aus folgenden Gleichungen:

(29) $$k_{\text{präp}} = \frac{M_{PB}}{M_{PA}} - 1$$

(30) $$M_p = \frac{MJ_n}{apJ \cdot f_t'}$$

(31) $$MJ_n = GL' - AS'$$

(32) $$f_t' = \frac{AtJ'}{AtJ'} + 1$$

$k_{präp}$ = Produktivitätsänderungskoeffizient
M_p = Menge der Erzeugnisse je beschäftigte Person des eigenen Betriebes und je Person der mitwirkenden fremden Betriebe
MJ_n = Jahresnettomenge
apJ = Jahresdurchschnittlich beschäftigte Anzahl Personen
f_t = Technischer Faktor
GL = Gesamtleistung
AS = Stoffaufwand
AtJ = Technischer Aufwand
ApJ = Personeller Aufwand

Die gestrichenen Größen symbolisieren preisbereinigte Daten.

Aus Gl. 30 erkennt man, daß die Mengenleistung M_p durch die Kombination des personellen und technischen Einsatzes im Nenner eine Größe darstellt, die Aufschluß über die Ergiebigkeit der kombinierten menschlichen und technischen Arbeit gibt. Dies wird von Böhrs dadurch erreicht, daß über die Einführung des technischen Faktors der gesamte technische Aufwand in fiktive Personen in Gl. 30 umgewandelt wird. Die Multiplikation des dimensionslosen technischen Faktors mit den tatsächlich vorhandenen Personen vergrößert den Nenner auf eine Zahl von Personen, deren indexbereinigter Aufwand dem preisbereinigten Aufwand des tatsächlich eingesetzten Potentials aus menschlicher und technischer Arbeit entsprechen würde.

Hohe Gesamtkapitalrentabilitäten können selbst bei Vernachlässigung der Produktivitätsverbesserungen eine gewisse Zeit lang erzielt werden, solange es der Markt zuläßt. Unwirtschaftlichkeiten könnten demnach mit nur einem Effizienzkriterium nicht rechtzeitig erkannt werden. Aus diesem Grunde sind spezielle Untersuchungen in ausgewählten Unternehmen über größere Zeiträume hinweg durchgeführt worden. Das tiefgestaffelte A in Gl. 29 deutet darauf hin, daß diese Größe das Basisjahr darstellt, während das jeweilige Jahr durch den Index B gekennzeichnet wird.

Von besonderem Interesse wird der Einfluß des technischen Faktors auf die Höhe der Rentabilität und die Steigerung des Produktivitätsänderungskoeffizienten sein. Darüber hinaus wird der absoluten Höhe des technischen Faktors in Abhängigkeit von der Unternehmensgröße besonders in kapitalintensiven Branchen eine große Bedeutung zuzumessen sein, da das Argument der zunehmenden Technisierung mit den entsprechenden Finanzierungsproblemen sehr oft als Konzentrationsursache in den Raum gestellt wird.

2.1.1 Die Interpretation der Ergebnisse der Untersuchungen in der Stahlindustrie

Folgende Unternehmen wurden in die Untersuchung einbezogen:
Ilseder Hütte = Unternehmen *A*
Klöckner Werke AG = Unternehmen *B*
Friedr. Krupp Hüttenwerke AG = Unternehmen *C*
Hoesch AG = Unternehmen *D*
August Thyssen-Hütte AG = Unternehmen *E*

Die Einbeziehung spezialisierter Unternehmen der Branche, wie z. B. der Unternehmen der Edelstahlindustrie und der Röhrenfertigung, wäre für diese Untersuchung nicht dienlich gewesen, da die Produktionsprogramme aufgrund unterschiedlicher Technologien in einigen Produktionsstufen nur bedingt vergleichbar sind.

Der Verlauf der Gesamtkapitalrentabilität in Abhängigkeit von der Gesamtleistung der Muttergesellschaften geht aus Darst. 22 hervor. Die Daten der G. u. V.-Rechnungen der Unternehmen mußten bereinigt werden, da aperiodische Aufwendungen und Erträge die Ergebnisse sonst verzerrt hätten. Die Jahre 1969 und 1970 eigneten sich besonders gut für diese Untersuchung, da für diese Jahre die vorhandenen Kapazitäten — wenn man einmal von Disharmonien bei der Abstimmung der Teilkapazitäten der einzelnen Fertigungsstufen absieht — aufgrund der guten Marktlage voll genutzt wurden. Somit konnten unterschiedliche Unternehmens- und Betriebsgrößen, hinter denen sich auch beachtliche Größenunterschiede der vorhandenen Erzeugungskapazitäten verbergen, praktisch bei voller Nutzung der Kapazitäten untersucht werden, was für die Aussagekraft der Ergebnisse nicht unbedeutend ist.

Das Überraschende an Darst. 22 ist der enorme Vorsprung des Unternehmens *A* gegenüber allen anderen Unternehmen. Eine produktionswirtschaftliche Rentabilität von 15,1 % bei 582 Mio. DM Gesamtleistung im Jahre 1969 und von 27,9 % bei ca. 750 Mio. DM Gesamtleistung im Jahre 1970 ist für diese Branche und darüber hinaus für die gesamte Industrie außergewöhnlich hoch. Für ein Unternehmen der Massen-

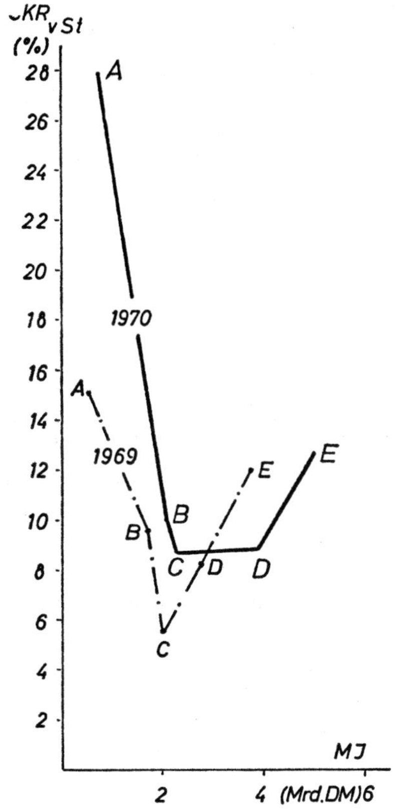

Darst. 22

stahlproduktion mit einer Rohstahlkapazität von ca. 1,7 Mio. t — damit liegt dieses Unternehmen gemäß Darst. 14 und 16 im Bereich relativ hoher spezifischer Investitionskosten und müßte bei praktischer Relevanz dieser Kurven erhebliche Kostennachteile hinnehmen, da z. B. auf der Roheisenseite mit Hochöfen von nur 6 m Gestelldurchmesser (das entspricht einer Kapazität von ca. 0,5 Mio. t Roheisen / Jahr je Hochofen) gearbeitet wurde — ist der weite Vorsprung gegenüber allen anderen Konkurrenten nur darauf zurückzuführen, daß die Kosten je Einheit der Erzeugnisse trotz der theoretisch vermuteten Nachteile in einigen Produktionsstufen durch optimale Abstimmung der Teilkapazitäten unter denen der Unternehmen *B* ... *E* liegen. Die Entwicklung des Unternehmens A soll noch näher untersucht werden, da es im Jahre 1970 durch Fusion mit den Vermögensteilen der Salzgitter-Hüttenwerk AG die Selbständigkeit verloren hat.

Sehr aufschlußreich ist die Verfolgung der angegebenen Konzentrationsmotive. Ein Gutachten der Kreditanstalt für Wiederaufbau kommt zu Beginn des Jahres 1969 zu dem Schluß, daß die Gründung einer „Nordstahl AG“ durch Zusammenschluß der Hüttenwerke der Klöckner-Werke AG, der Salzgitter Hüttenwerk AG und der Ilseder Hütte eindeutig zu befürworten sei, da sonst die Werke der einzelnen Unternehmen unterhalb der Größenordnung von 4 Millionen Tonnen Rohstahl im Jahr liegen würden, die als Mindestgröße für ein Hüttenunternehmen der Zukunft angesehen wird (55). An Bewertungsfragen bei der Festlegung der einzelnen Unternehmenswerte, aus denen sich dann das Beteiligungsverhältnis der genannten drei Unternehmen am Kapital der Nordstahl AG ergeben hätte, ist letztlich diese Konzentration gescheitert. Um die vermeintlichen Rationalisierungserfolge von 50 Millionen DM (56) verwirklichen zu können, kaufte die Salzgitter-Hüttenwerk AG die Aktienmehrheit des Unternehmens *A* auf und erzwang somit die Konzentration durch einen entsprechenden Hauptversammlungsbeschluß. Durch das entschiedene Engagement des ehemaligen Vorstandsvorsitzenden des Unternehmens *A* gegen die Fusion, der durch ein umfassendes Investitionsprogramm mit einem Aufwand von über 600 Mio. DM zu Beginn der 60er Jahre die Basis für diese Entwicklung gelegt hatte, wurde der Vorstand des Unternehmens *A* zur Beweislast der vermeintlichen 50 Mio. DM Rationalisierungserfolge aufgefordert, der schließlich zugeben mußte, daß „sich wegen der weitgehenden Programmaufteilung beider Werke unmittelbar ein rechnerisch nachweisbarer Kooperationserfolg im Produktionsbereich nicht ergibt“ (57, S. 31).

Sind solche Diskrepanzen bei der Beurteilung der Konzentrationsmotive in der Regel nicht anzutreffen, so kann doch die generelle Feststellung getroffen werden, daß nur allzu leicht Kostenvorteile von größeren Unternehmen nahezu automatisch erwartet werden, ohne die Nebenbedingungen aufzuführen, die zur Realisation der angestrebten Kostensenkungen erfüllt sein müssen. Unbezahlte Wettbewerbsvorteile durch den Abschluß eines Gewinnabführungsvertrages mit der Folge des Umleitens des Gewinns vor Steuern auf die Muttergesellschaft und darüber hinaus die Möglichkeit, mit Hilfe von Gutachtern zunächst die Bestimmungen des § 305 des Aktiengesetzes, der bei solchen Konzentrationsfällen die Festsetzung der angemessenen Abfindungsforderungen der ausscheidenden Minderheitsaktionäre unter Berücksichtigung „der Vermögens- und Ertragslage der Gesellschaft im Zeitpunkt der Beschlußfassung ihrer Hauptversammlung über den Vertrag“ vorsieht, auszuhöhlen, müssen in diesem Fall als Hauptmotive der Konzentration angesehen werden. Darauf weist besonders der geschätzte Gewinn vor Steuern der Gutachter für den konsolidierten Konzern des

Unternehmens *A* von 34,4 Mio. DM hin, der als nachhaltig erzielbar angesehen wurde und somit als Basis für die gesamte Unternehmensbewertung nach der Ertragswertmethode — die Berücksichtigung der Vermögenslage wird somit umgangen, obwohl sie in § 305 AktG ausdrücklich erwähnt wird — zugrunde gelegt wurde (58).

Der bereits in einem Rumpfgeschäftsjahr von 9 Monaten erzielte Gewinn vor Steuern im Konzern des Unternehmens *A* lag zum Zeitpunkt der Abstimmung über den Fusionsvertrag bei 132 Mio. DM.

Die Unternehmen *D* und *E* in Darst. 22 haben ihre jetzigen Unternehmensgrößen durch Fusionen und rasches internes Wachstum erlangt. Dabei hat es besonders die Leitung des Unternehmens *E* verstanden, durch sinnvolle Konzentrationen in den jeweiligen Produktionsstufen die einzelnen Teilkapazitäten in den örtlich dezentralisierten Fertigstufen mit den weitgehend zentralisierten Vorstufen der Roheisen- und Rohstahlerzeugung zu integrieren. Darüber hinaus konnten durch Programmbereinigungen auf sieben Feinstraßen gemäß den theoretischen Ausführungen zu Darst. 18 ca. 15 Prozent der Nutzungszeit *NJ*, die vor der Programmaufteilung als Nutzungsnebenzeit anfiel, in Nutzungshauptzeit umgewandelt werden.

Die geringe Rentabilität des Unternehmens C in Darst. 22 für das Jahr 1969 ist hauptsächlich darauf zurückzuführen, daß dieses Unternehmen in vielen Bereichen die Abstimmung der einzelnen Teilkapazitäten noch vornehmen muß. Dieser Anpassungsprozeß wird noch Jahre dauern, da z. B. die maximale Straßenleistung der Warmbreitbandstraße von ca. 3,6 Millionen Tonnen je Jahr nur zu einem Bruchteil ausgenutzt wurde. Der Prozeß des Hineinwachsens in die großen Endkapazitäten erfordert aus Markt- und Finanzierungsgründen bei isoliert betriebener Investitionspolitik des Unternehmens meist viel zu lange Zeiträume. Hier erhebt sich die Frage, ob nicht durch eine entsprechende Regelung der Kapitallenkungsprozeß besser gestaltet werden muß. Jedenfalls deutet der Verlauf der Durchschnittsbezüge je Vorstandsmitglied der fünf untersuchten Unternehmen der Stahlindustrie darauf hin, daß das Leistungsprinzip für die Leiter der obersten Leitungsstufe weitgehend ausgeschaltet ist (Darst. 23). Die Ausrichtung der Vorstandsbezüge und davon abgeleitet die Gehälter der nachgeordneten Leiter am Umsatz ohne Berücksichtigung der Parameter Rentabilität und Produktivität dürften eine Konzentrationsursache besonderer Art sein, die durch entsprechende Prämien-Gehaltssysteme beseitigt werden sollte.

Abschließend soll den Ursachen der hohen Rentabilität des Unternehmens *A* nachgegangen werden. Aus den Darstellungen 24—27, die auf Untersuchungen von Meyer (59) basieren, gehen die wesentlichen Ursachen hervor.

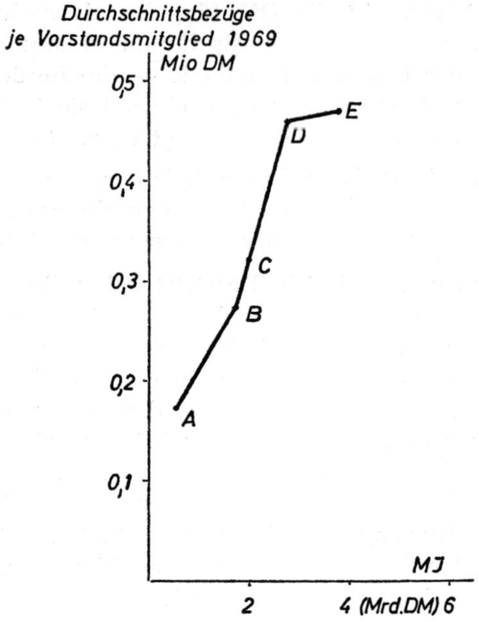

Darst. 23

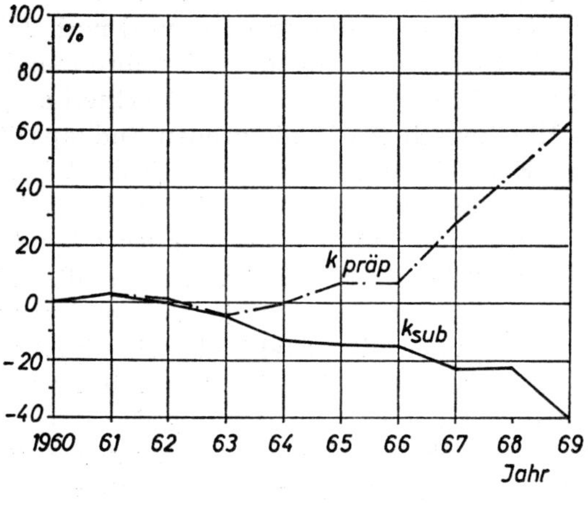

Darst. 24

Das bereits genannte Investitionsprogramm des Unternehmens *A*, das im wesentlichen im Jahre 1965 beendet wurde, führte zu einem beträchtlichen Produktivitätsanstieg und zu einer laufenden Substitution menschlicher Arbeit durch technische Arbeit gemäß Darst. 24. Die nennenswerten Steigerungsraten der Produktivität in Darst. 24 ab 1966 sind darauf zurückzuführen, daß bei laufendem Abbau des Personalbestandes die erzeugte Rohstahlmenge seit der Fertigstellung des Blasstahlwerkes 1964 bis zum Jahre 1969 nahezu verdoppelt werden konnte. Der langwierige Prozeß des Hineinwachsens in erstellte Kapazitäten wird hier besonders deutlich.

In Darst. 25 erkennt man den Verlauf der tatsächlich beschäftigten Personen *apJ*, die durch Produktivitätsfortschritte eingesparte Anzahl Personen apJ_{prod} und schließlich die Anzahl Personen apJ_{Sub}, die produktivitätsneutral durch technische Arbeit substituiert wurden.

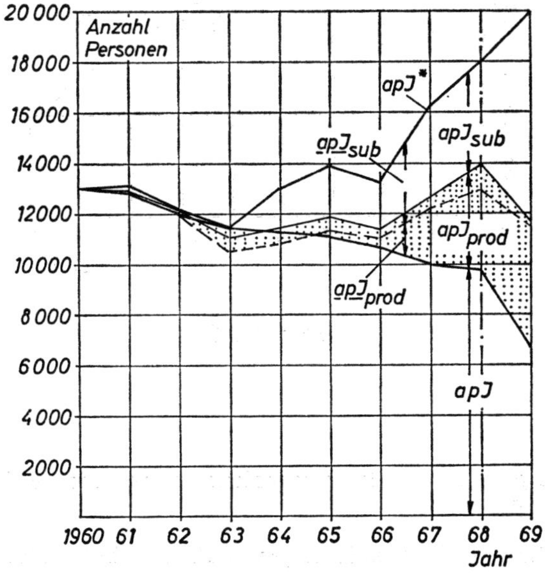

Darst. 25

Die preisbereinigten Aufwendungen für die technische und menschliche Arbeit je Einheit der Erzeugnisse $AtE' + ApE'$ gehen aus Darst. 26 hervor und zeigen die starke Degression bei wachsender Kapazitätsauslastung.

Der Index des personellen Aufwandes *ip*, des technischen Aufwandes i_t und des Jahresnettoertrages der Erzeugnisse i_E geht aus Darst. 27

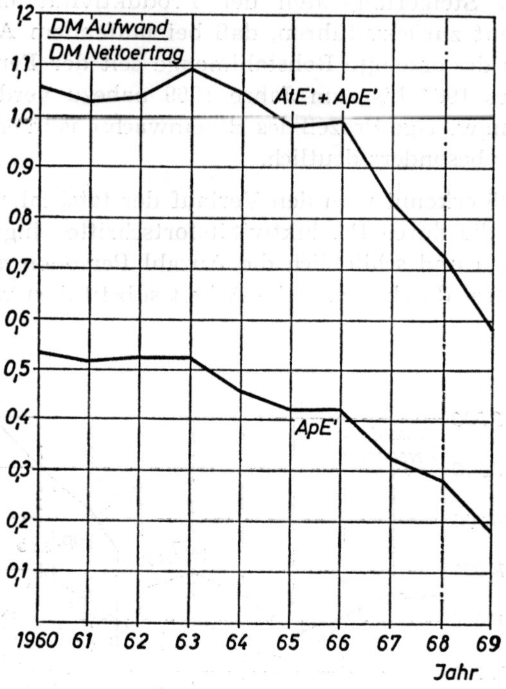

Darst. 26

hervor, in die gleichzeitig der dimensionslose technische Faktor f_t' eingezeichnet wurde.

Zusammenfassend läßt sich sagen, daß die hohe Rentabilität des Unternehmens A nicht durch Preissteigerungen erzielt wurde — der Preisindex liegt für 1969 sogar noch unter dem Stand von 1960 —, sondern allein durch Produktivitätssteigerungen. Da die vorhandenen Kapazitäten in den Vorstufen Roheisenerzeugung und Rohstahlgewinnung in ihrer Größenordnung nur ca. ein Fünftel der maximalen Aggregatgrößen ausmachen, dürfte das unbedingte Streben nach maximalen Aggregatgrößen in Zukunft etwas kritischer beurteilt werden, da offensichtlich die optimale Abstimmung der einzelnen Teilkapazitäten — unter Einbeziehung der im theoretischen Teil der Arbeit erwähnten Nebenbedingungen gerade in kapitalintensiven Branchen — die Effizienz des Kapitaleinsatzes stärker beeinflußt, als es isolierte Teilkostenrechnungen vermuten lassen.

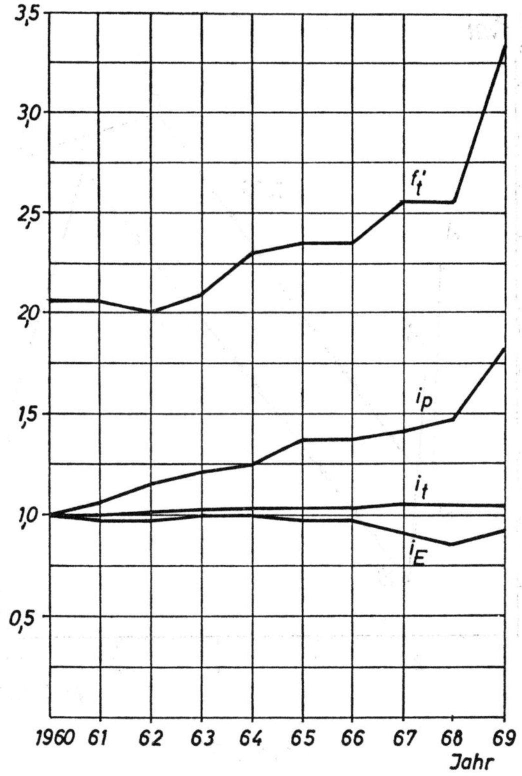

Darst. 27

2.1.2 Die Interpretation der Ergebnisse der Untersuchungen in der Automobilindustrie

Folgende Unternehmen wurden in die Untersuchung einbezogen:
Bayerische Motorenwerke AG = Unternehmen *A*
Audi-NSU AG = Unternehmen *B*
Daimler-Benz AG = Unternehmen *C*
Volkswagenwerk AG = Unternehmen *D*

Die Darst. 28 zeigt den Verlauf der Gesamtkapitalrentabilität in Abhängigkeit von der Gesamtleistung der Unternehmen, die bei allen Untersuchungen als äquivalente Menge *MJ* betrachtet wird. Daraus geht hervor, daß ein Zusammenhang zwischen Unternehmensgröße und der Effizienz des Kapitaleinsatzes in diesen Bereichen nicht existiert. Mögliche Konzentrationsgründe sind für das Unternehmen *A* nicht ge-

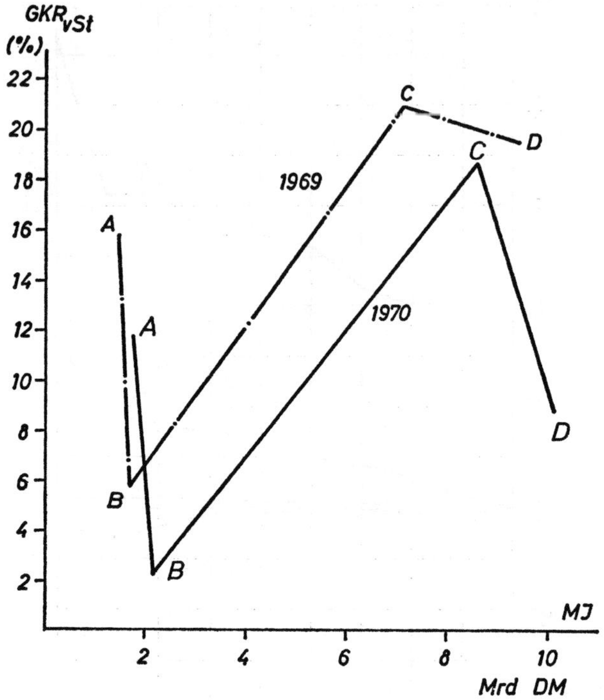

Darst. 28

geben, obwohl die Gegenüberstellung der täglich produzierten Automobilde von ca. 600 Stck. im Jahr 1970 mit den Stückzahlen, die eine Großserienfertigung im Automobilbau in ausgewählten Fertigungsbereichen im 2-Schicht-Betrieb ermöglicht, zunächst auf erhebliche Kostennachteile schließen läßt.

Folgende idealisierte Kapazitäten im Fertigungsbereich erlauben die Produktion von 400 bis 3000 Einheiten / Tag:

Preßwerk:	2 400—3 000 Einheiten / Tag
Mechanische Fertigung:	1 400—1 800 Einheiten / Tag
Rohbau:	400— 500 Einheiten / Tag
Lackiererei:	400— 500 Einheiten / Tag
Endmontage:	400— 500 Einheiten / Tag

Berücksichtigt man noch, daß das Unternehmen *A* die Produktion von 600 Einheiten / Tag in drei Grundtypen erbracht hat, so wird erneut deutlich, daß aus der Größe der maximalen Aggregatgrößen keine allgemeingültigen Aussagen bezüglich einer „optimalen Betriebs- oder Unternehmensgröße“ gemacht werden können.

Durch die Ausrichtung des Produktionsprogramms auf Erzeugnisse mit Spezialitätencharakter können geringe Mehrkosten im Preis weitergegeben werden, so daß eine angemessene Verzinsung des Kapitaleinsatzes erreicht wird.

Das Unternehmen *B*, das zum Konzernbereich des Unternehmens *D* gehört, hat ein zu stark aufgefächertes Produktionsprogramm und kann mit den Erzeugnissen der unteren Preisklassen, die vom Unternehmen *D* selbst in Serien von ca. 5000 Einheiten / Tag gefertigt werden, nicht konkurrieren. Dieser Antagonismus ist darauf zurückzuführen, daß das Unternehmen *B* erst 1969 durch Fusion entstanden und der Umstellungsprozeß der Produktion selbst im Konzernverbund äußerst langwierig ist. Die Konzeption des Konzernunternehmens *D* sieht für die Tochtergesellschaft *B* eine relativ große Selbständigkeit vor, so daß irgendwelche Kostenvorteile im Entwicklungs- und Absatzbereich gegenüber dem Unternehmen *A* nicht erkennbar sind, da die wesentlichen Aufwendungen produktgebunden anfallen und somit keine Kostenersparnisse im Konzernverbund realisiert werden können.

Hier zeigt sich ganz deutlich die im theoretischen Teil der Untersuchung erarbeitete Konzeption, daß Kostenbetrachtungen bei Konzentrationsvorgängen stets vom Produktionsprogramm ausgehen müssen.

Der relativ starke Abfall der Rentabilität des Unternehmens *D* im Jahre 1970 ist auf die starke Exportabhängigkeit und eine nicht marktgerechte Modellpolitik zurückzuführen.

Das Unternehmen *C* läßt sich nur bedingt mit den anderen Unternehmen vergleichen, da von der Gesamtleistung etwa die Hälfte auf die PKW-Produktion entfällt. Die Rentabilität allein für diesen Bereich dürfte erheblich höher liegen, da die LKW-Produktion, die außerordentlich stark zersplittert ist, weit geringere Rentabilitäten erwarten läßt. Die etwas langwierig betriebene Integration der vom Rheinstahl-Konzern übernommenen Hanomag-Henschel Fahrzeugwerke GmbH mit getrennten Werbefeldzügen für nahezu identische Produkte in den letzten Jahren läßt darauf schließen, daß Unternehmen mit Sparten hohen Ertrages durch das Prinzip der Mischkalkulation überfällige Neukonzeptionen zu lange hinauszögern. Meist wird dieses Verhalten aus Marktgründen heraus — die Tradition beider Programme muß respektiert werden (60) — erklärt. Daß jedoch Unternehmen, die in allen Bereichen unter starkem Kostendruck stehen, anders reagieren, zeigt die jetzt abgeschlossene Konzentration von MAN und Büssing, die durch Verwendung beider Namen durchaus die Tradition wahren und somit zu sofortigen Kostensenkungen im Absatzbereich kommen.

Das Unternehmen *D*, das allein durch internes Wachstum den Konzentrationsprozeß in der Automobilindustrie beschleunigt hat, konnte in der Vergangenheit aufgrund der starken Kostendegression in allen Bereichen bei einer an den Kosten ausgerichteten Preispolitik, die über den Zeitraum 1953—1966 praktisch Preisstabilität beinhaltete (54, S. 59), eine außerordentlich hohe Gesamtkapitalrentabilität erzielen, wie die Darst. 29 zeigt. Eine differenzierte Untersuchung über dieses Unternehmen findet sich bei Böhrs (54, S. 43 ff.). Zur Ergänzung dieser Untersuchungen ist der Verlauf des Mengengerüsts der Kosten für die menschliche Arbeit der Jahre 1953—1969 in den Darstellungen 30—37 aufgezeigt. Der dabei verwendete Mengenbegriff MJ_{br} symbolisiert die Bruttomenge, die durch Umrechnung der Gesamtleistung mit Hilfe des Preises eines repräsentativen Erzeugnisses ermittelt wurde.

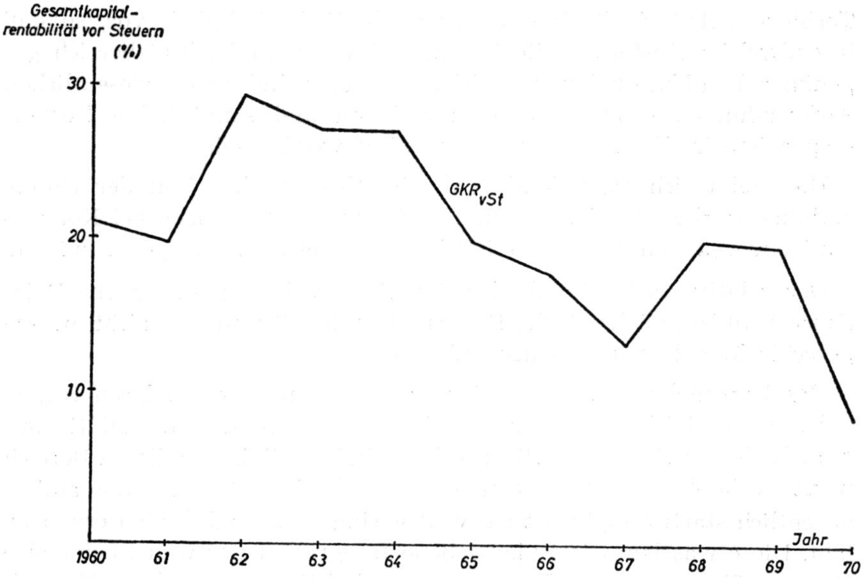

Darst. 29

Darst. 30 zeigt den Verlauf der Bruttomenge MJ_{br} und der gesamten beschäftigten Personen apJ_{Gesamt}, die in die Anzahl Personen für Lohn- und Gehaltsempfänger aufgeteilt wurden. Das schnellere Steigen der Bruttomenge gegenüber der Beschäftigtenzahl ist besonders bis zum Jahr 1966 stark ausgeprägt. Der starke Rückgang der Menge MJ_{br} im Rezessionsjahr 1967 vollzieht sich bei const. Belegschaftszahl, was zur Kostenremanenz mit dem entsprechenden Anstieg der Kosten je Einheit führt.

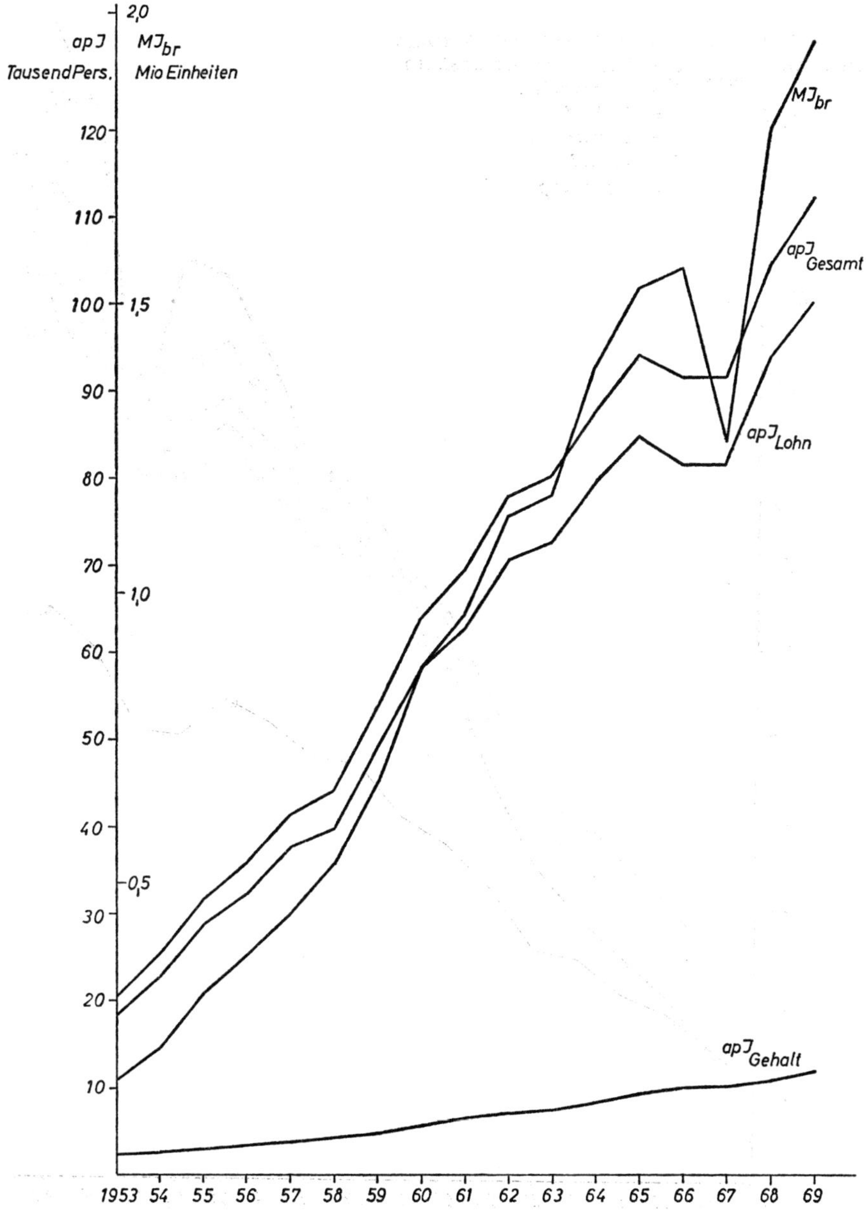
apJ
Tausend Pers.
MJbr
Mio Einheiten
2,0
120
110
100
1,5
90
80
70
1,0
60
50
40
0,5
30
20
10
1953
54
55
56
57
58
59
60
61
62
63
64
65
66
67
68
69
MJbr
apJGesamt
apJLohn
apJGehalt

Darst. 30

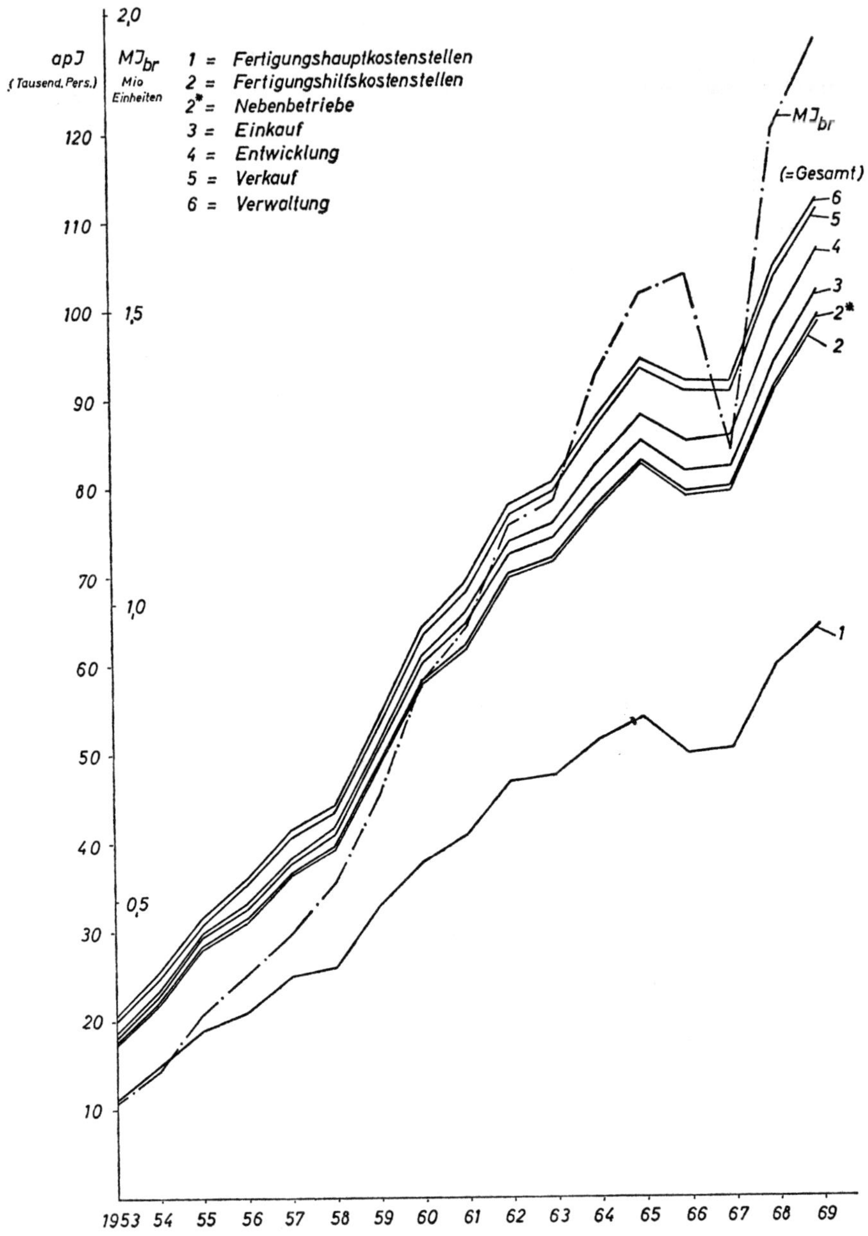
apJ
(Tausend.Pers.)
MJbr
Mio
Einheiten
1 = Fertigungshauptkostenstellen
2 = Fertigungshilfskostenstellen
2* = Nebenbetriebe
3 = Einkauf
4 = Entwicklung
5 = Verkauf
6 = Verwaltung
MJbr
(=Gesamt)
2,0
1,5
1,0
0,5
120
110
100
90
80
70
60
50
40
30
20
10
1953 54 55 56 57 58 59 60 61 62 63 64 65 66 67 68 69

Darst. 31

Die Darst. 31 läßt einen differenzierteren Verlauf der Anzahl Personen je Jahr *apJ* erkennen. Um die durch Konzentration zu erzielenden Kostensenkungen je Einheit verfolgen zu können, wurden die beschäftigten Personen in den sechs Bereichen durch die Bruttomenge dividiert. Die Darstellungen 32—37 beweisen anschaulich, wie die Degression des Mengengerüstes der Personalkosten bei jeweiliger voller Nutzung der Kapazitäten in den einzelnen Jahren — mit Ausnahme des Jahres 1967 — verläuft.

Die Anzahl Personen je Mengeneinheit zeigen im Bereich der Fertigungshauptkostenstellen (Darst. 32), der Fertigungshilfskostenstellen (Darst. 33), des Einkaufs (Darst. 34), der Entwicklung (Darst. 35), des Verkaufs (Darst. 36) und der Verwaltung (Darst. 37) besonders in den Anfangsjahren der Untersuchung von 1953—1959 eine fortlaufende starke Degression auf, die nur im Entwicklungsbereich ab 1960 in eine Progression umschlägt. Das Rezessionsjahr 1967 verursacht mit seinem starken Mengenrückgang in allen Bereichen den enormen Anstieg der Anzahl Personen je Einheit.

Die Progression der Entwicklungskosten je Einheit gemäß Darst. 35 ist auf eine gewisse Hektik in der Entwicklungspolitik dieses Unternehmens zurückzuführen. Dabei wird offenbar übersehen, daß eine Ausweitung des Entwicklungsapparates — eine gemeinsam betriebene Grundlagenforschung mit den Unternehmen *A* und *C* auf dem Gebiet der Sicherheit der Automobile kam nicht zustande — nicht zur proportionalen Steigerung der Entwicklungsergebnisse beiträgt. Zu große Entwicklungsabteilungen neigen zur Erstarrung, sobald eine Überspezialisierung der eingesetzten Mitarbeiter die Entwicklung marktgerechter Produkte erschwert. Das Unternehmen *A* hat mit einem Bruchteil der Entwicklungskapazität des Unternehmens *D* bisher wesentlich bessere Ergebnisse erzielt, so daß das Unternehmen *A* den Nachteil der geringeren Menge in der Kostenkalkulation des Entwicklungsbereiches durch höhere Effizienz der eingesetzten Mitarbeiter ausgleicht.

Die zunehmende Verringerung der Degression mit wachsender Menge in den übrigen Bereichen zeigt aber auch deutlich, daß mögliche nennenswerte Kostensenkungen durch weitere Konzentration nicht mehr gegeben sind. Die hohen Produktivitätsfortschritte der Vergangenheit, die bei Preisstabilität die Erzielung einer guten Rentabilität erlaubten, sind auch von den Kosten der technischen Arbeit her nicht mehr zu erreichen, da dieses Unternehmen in der Kostengestaltung an gewisse technische Grenzen stößt.

Somit werden in der Zukunft Kostenerhöhungen durch Material- und Lohnsteigerungen nicht mehr durch die Degressionseffekte voll aufgefangen werden können. Fortlaufende Preiserhöhungen sind die Kon-

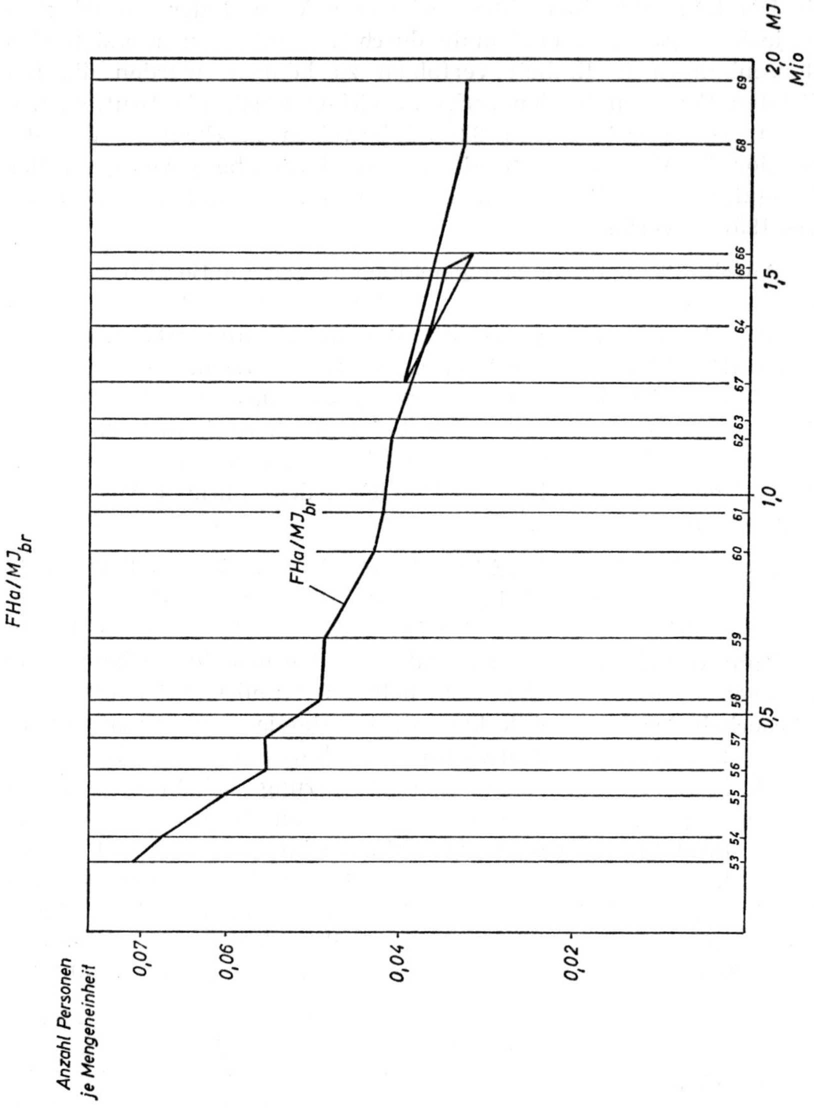

FHa/MJbr
Anzahl Personen je Mengeneinheit
0,07
0,06
0,04
0,02
53
54
55
56
57
58
59
60
61
62 63
67
64
65 66
68
69
0,5
1,0
1,5
2,0 Mio MJ
FHa/MJbr

Darst. 32

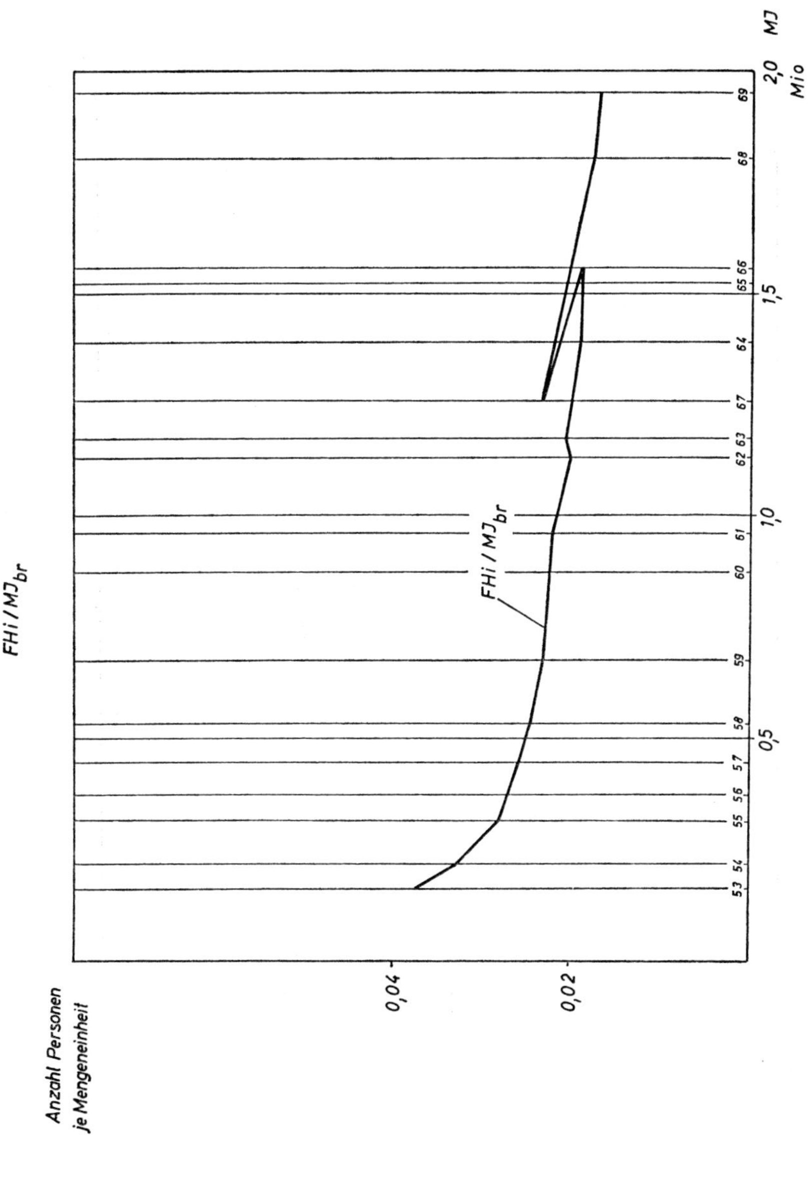
Anzahl Personen
je Mengeneinheit
0,04
0,02
FHi / MJ_{br}
FHi / MJ_{br}
53
54
55
56
57
58
59
60
61
62 63
67
64
65 66
68
69
0,5
1,0
1,5
2,0 Mio MJ

Darst. 33

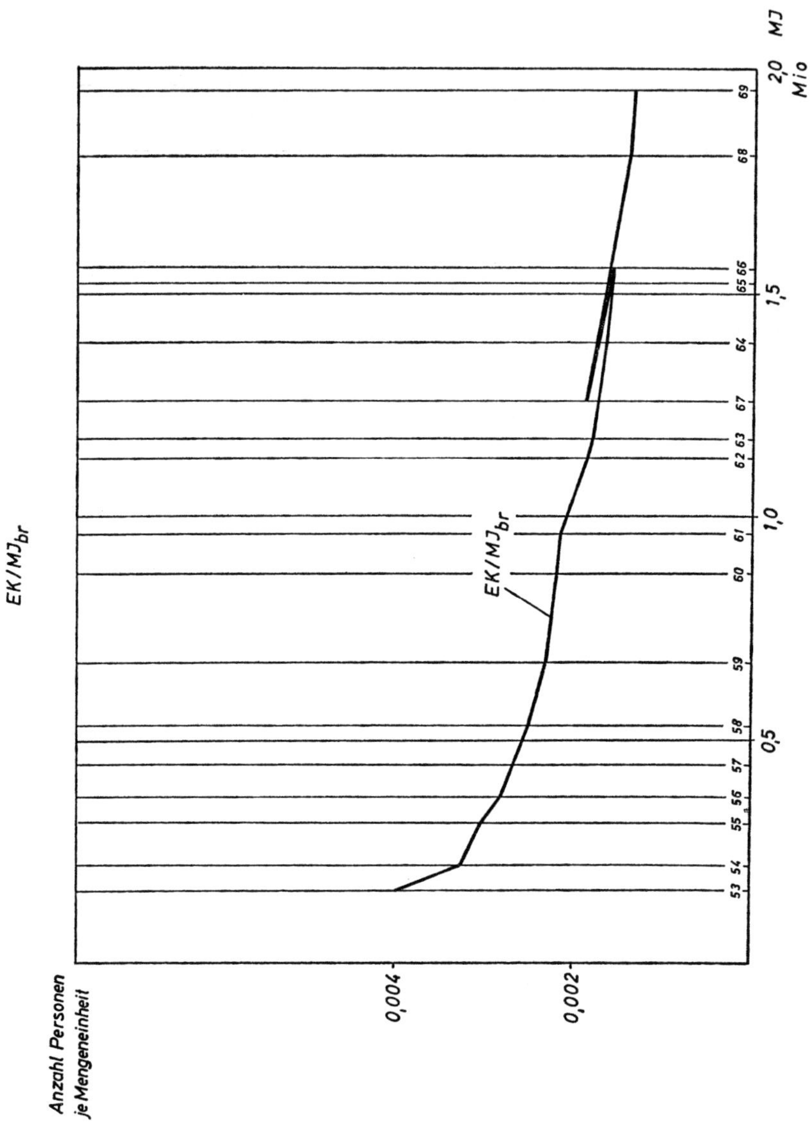
EK/MJbr
Anzahl Personen
je Mengeneinheit
0,004
0,002
0,5
1,0
1,5
2,0 Mio MJ
53
54
55
56
57
58
59
60
61
62
63
67
64
65
66
68
69

Darst. 34

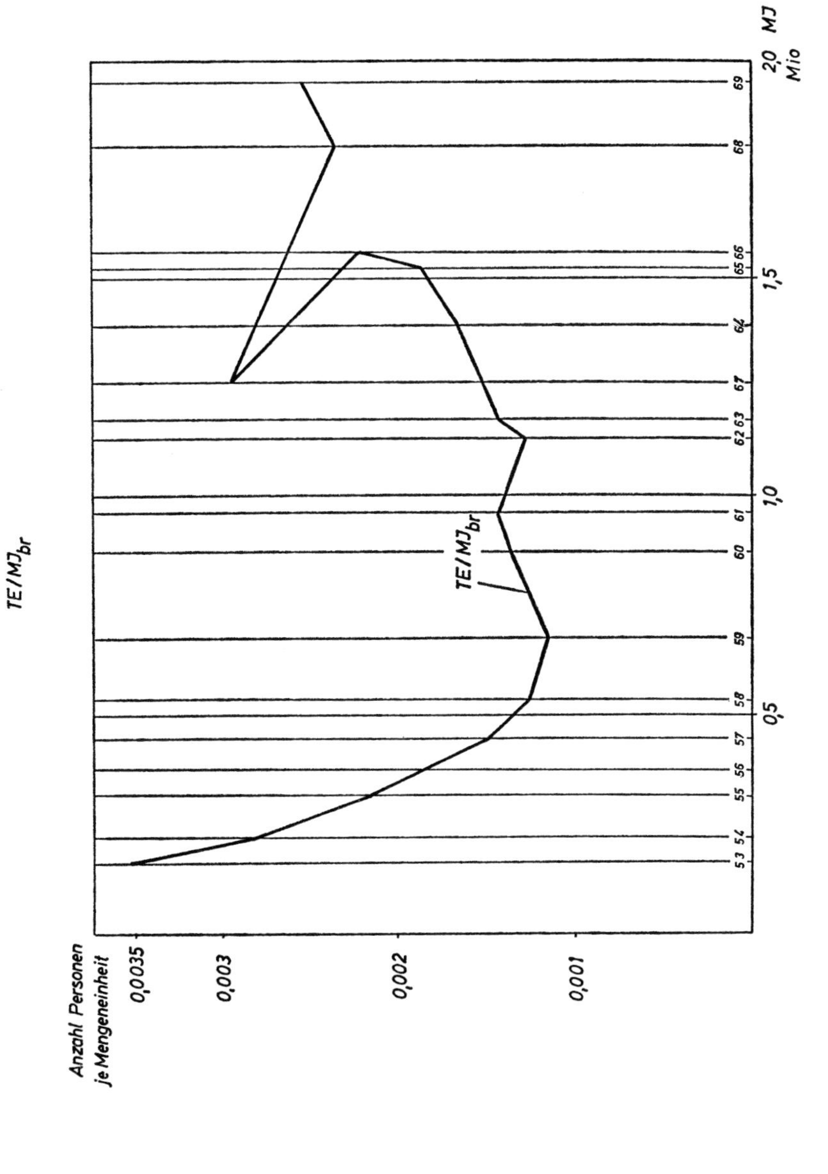
TE/MJbr
Anzahl Personen je Mengeneinheit
0,0035
0,003
0,002
0,001
TE/MJbr
53 54 55 56 57 58 59 60 61 62 63 67 64 65 66 68 69
0,5
1,0
1,5
2,0 Mio MJ

Darst. 35

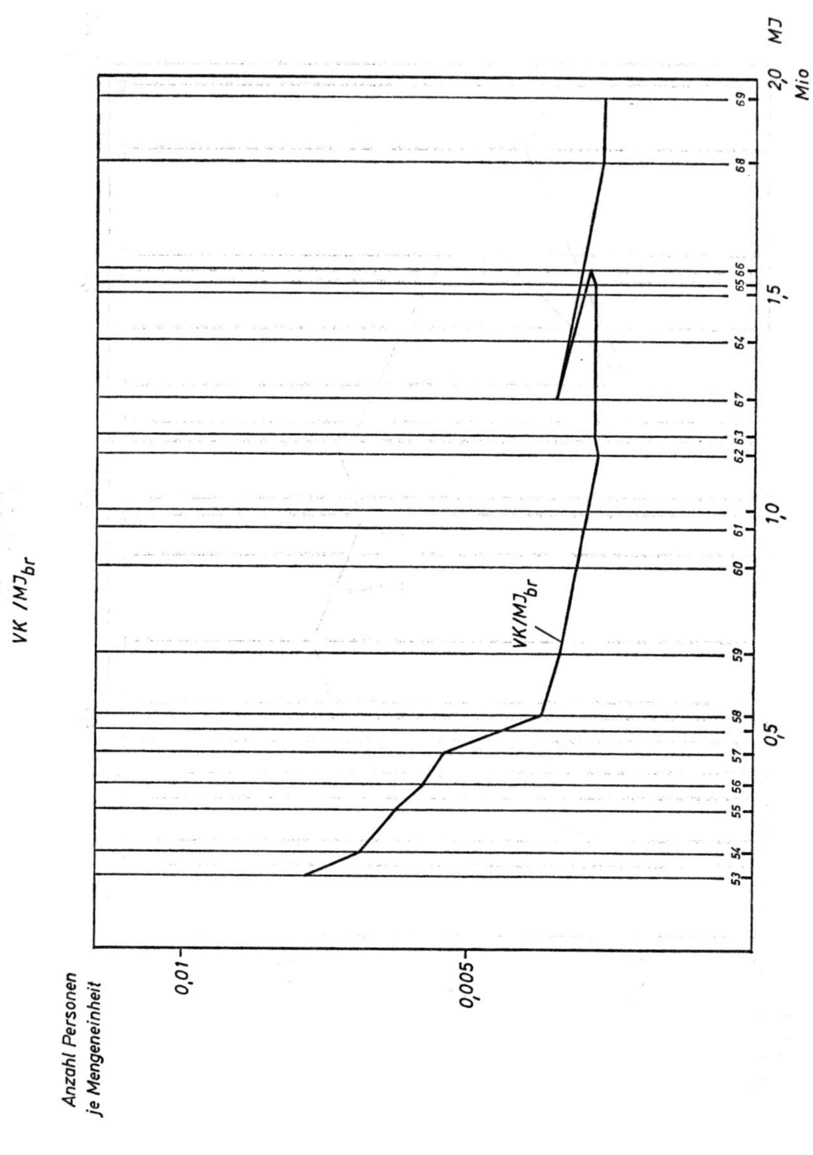
VK /MJ$_{br}$
Anzahl Personen je Mengeneinheit
0,01
0,005
VK/MJ$_{br}$
53
54
55
56
57
58
59
60
61
62 63
67
64
65 66
68
69
0,5
1,0
1,5
2,0 Mio MJ

Darst. 36

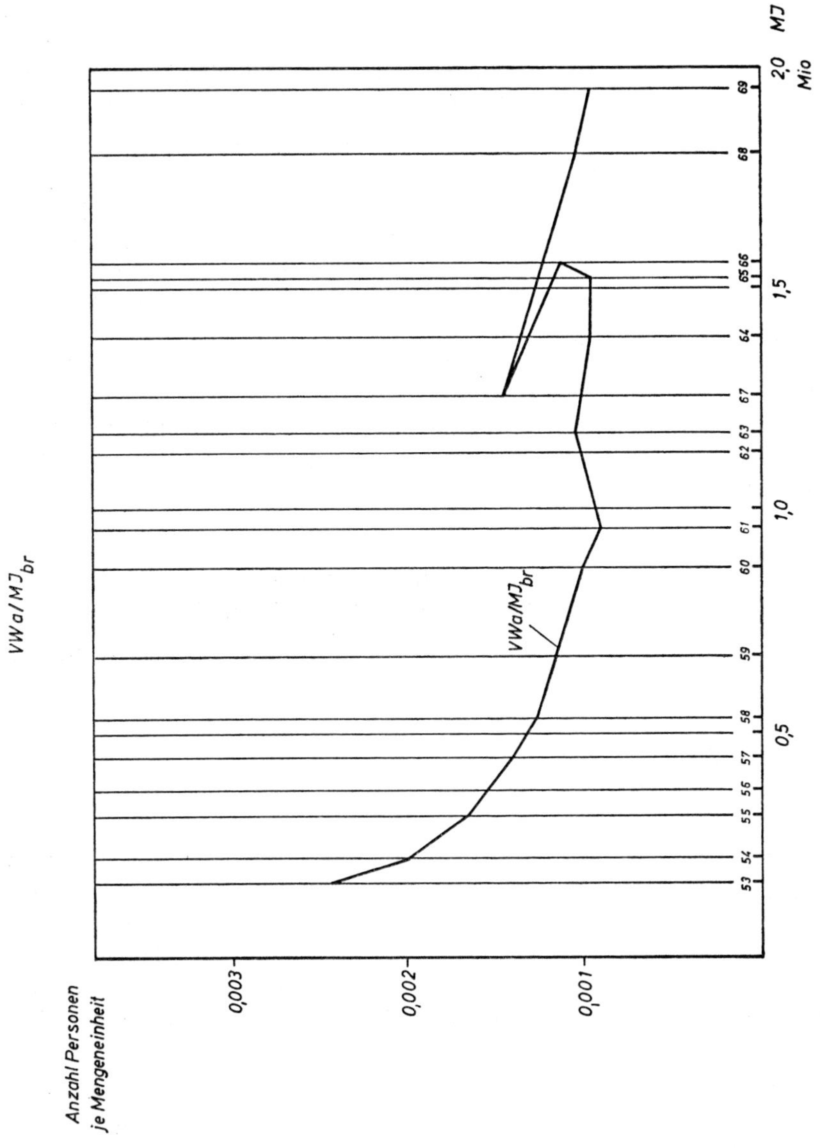

VWa/MJbr
Anzahl Personen je Mengeneinheit
0,003
0,002
0,001
VWa/MJbr
53
54
55
56
57
58
59
60
61
62 63
67
64
65 66
68
69
0,5
1,0
1,5
2,0 Mio MJ

Darst. 37

sequenz, während das Unternehmen *A* für seine Produkte infolge des noch unausgeschöpften Wachstumspotentials des Marktes in der Preispolitik zunehmend Spielraum erhalten wird, so daß eine Konzentration für das Unternehmen *A* aus Kosten- und Marktgründen heraus in der überschaubaren Zukunft nicht notwendig ist.

Mögliche Kostensenkungen durch Konzentration im Absatz- und Entwicklungsbereich sind weitgehend auszuschließen, da hier die Kosten typengebunden anfallen. Die Konzeption des Unternehmens *D* wurde in jüngster Zeit, als sich die Rentabilität weiter verschlechterte, neu durchdacht und zielt folgerichtig darauf hin, die vorhandenen Kostenvorteile im Produktionsbereich durch die Einführung des Baukastenprinzips zu nutzen, um somit gleichzeitig der vom Markt geforderten Vielfältigkeit der Erzeugnisse zu begegnen. Die oft anzutreffende Hypothese, daß sehr große Unternehmen einen aufgeblähten Verwaltungsapparat nach sich ziehen, trifft für dieses Unternehmen nicht zu, wie die Darst. 37 zeigt.

2.1.3 Die Interpretation der Ergebnisse der Untersuchungen in der Chemieindustrie

Folgende vier Unternehmen der Chemieindustrie wurden in die Untersuchung einbezogen:

Cassella Farbwerke Mainkur AG = Unternehmen *A*
Badische Anilin- & Soda-Fabrik AG = Unternehmen *B*
Farbwerke Hoechst AG = Unternehmen *C*
Farbenfabriken Bayer AG = Unternehmen *D*

Die Darst. 38 zeigt den Verlauf der Rentabilitäten für die Jahre 1969 und 1970. Das Unternehmen *A* hat sich auf die Produktgruppen Farbstoffe, Chemikalien, Pharmazeutika, Kunstharz, Kosmetik und Tenside beschränkt, während die drei anderen Unternehmen ein äußerst breit angelegtes Produktionsprogramm mit ca. 40 000 Produkten aufweisen. Vorprodukte für Massenartikel sind die Hauptumsatzträger der drei großen IG-Farben-Nachfolgegesellschaften.

Durch den Preisverfall in mehreren verschiedenen Hauptproduktgruppen und die gleichzeitig eingetretenen Kostensteigerungen ist der Abfall der Rentabilität der Unternehmen *B* ... *D* im Jahre 1970 zu erklären. Das Unternehmen *A* konnte seine angestrebte Rentabilität vor Steuern von ca. 16 % — das entspricht einer Nettorendite von etwa 8 % — durch Preiserhöhungen verteidigen, während dies gerade den großen Unternehmen nicht gelang. Die oft in den Raum gestellte These der zu großen Marktmacht der Großunternehmen erweist sich hier als unbegründet. Durch das äußerst breite Produktionsprogramm bedingt, müssen sich auch die Großunternehmen auf den jeweiligen Teilmärkten mit den gegebenen Marktbedingungen abfinden, so daß die Gefahr der unbedingten Kostenüberwälzung auf die Preise auch bei stark konzentrierten Unternehmen nicht gegeben ist.

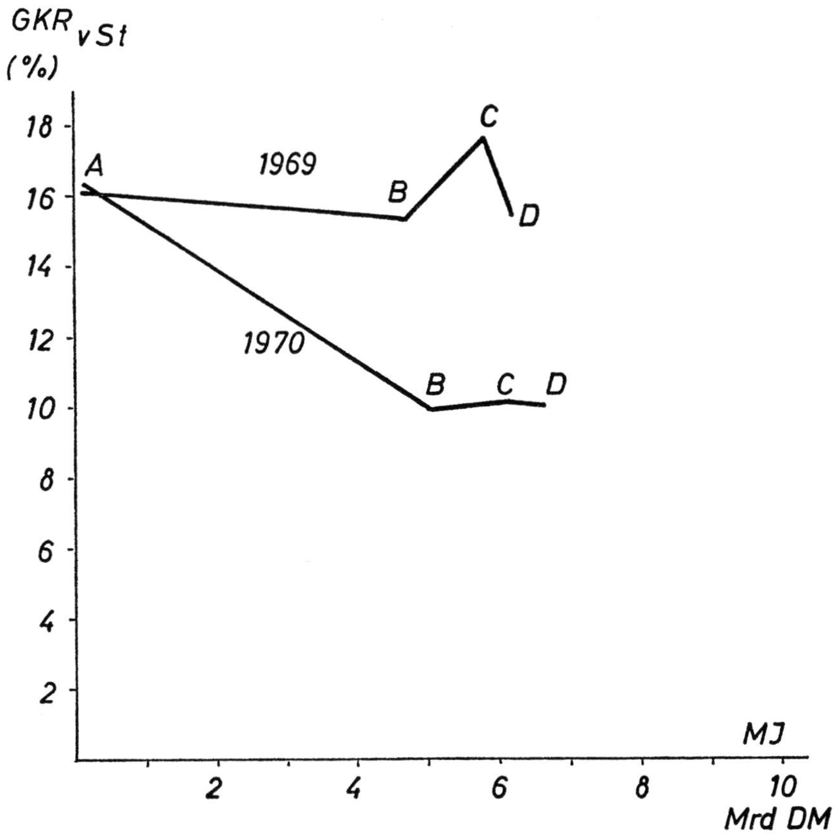

Darst. 38

Darst. 39 zeigt den Verlauf der Rentabilitäten der vier Unternehmen für die Jahre 1967—1970. Der gleichförmige Verlauf der Rentabilitätskurven der drei Großunternehmen läßt den Schluß zu, daß alle drei Unternehmen ihre Preispolitik an den Kosten ausrichten und eine bestimmte Rentabilität anstreben, die durch außerhalb der Planung liegende externe Einflüsse nicht immer erreicht wird.

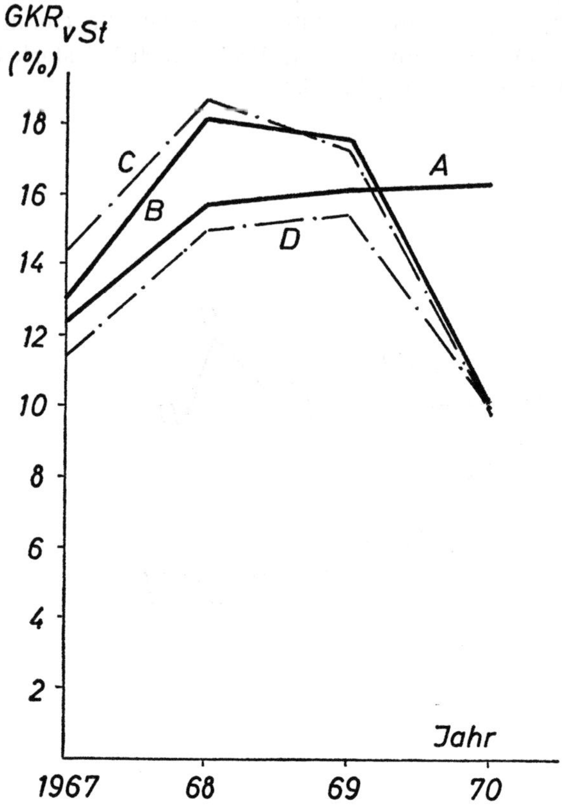

Darst. 39

Untersucht man die Ursachen für die relativ stabile Rentabilitätslage des Unternehmens *A*, so muß das Produktionsprogramm mit seinem Spezialitätencharakter als Hauptparameter gesehen werden. In der Massenproduktion hätte das Unternehmen *A* keine Chance, da hier Mindestkapazitäten vorausgesetzt werden, die seine Finanzkraft bei weitem übersteigen würden. Nur durch die konsequente Ausrichtung auf Produktgruppen, bei denen auch die Unternehmen *B* ... *D* keine wesentlich größeren Anlagen einsetzen können, ist der Alleingang für Unternehmen der Größenordnung des Unternehmens *A* dieser Branche in der Zukunft möglich.

Aus Darst. 40 erkennt man, daß das Unternehmen *A* im Jahre 1970 mit einem geringeren technischen Faktor gegenüber den anderen drei

Unternehmen in der Erzielung der Mengenleistung *Mp*, die hier als ökonomische Wertgröße aufgezeichnet wurde, noch geringfügig vor den Unternehmen *B* und *C* liegt.

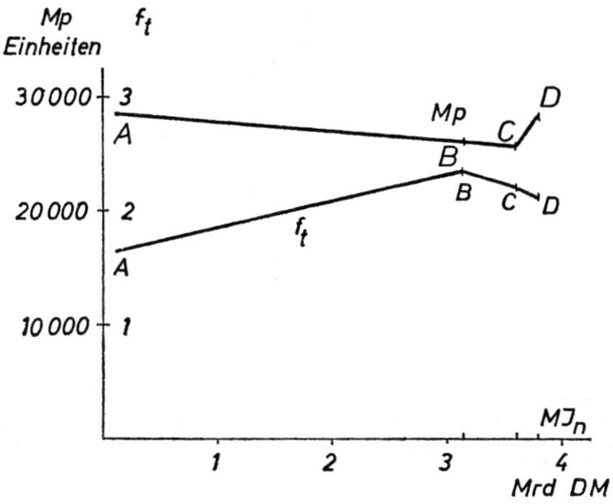

Darst. 40

Das Unternehmen *B* ist am stärksten in der Massenproduktion tätig und hat somit auch den höchsten technischen Faktor. Neben der ständigen Entwicklung neuer Verfahren ist hier hauptsächlich die Verschiebung zu Großanlagen als Ursache zu nennen. Das geht aus Darst. 41, die die Häufigkeitsverteilung der jeweils neu erstellten Äthylenanlagen zeigt, hervor. Die Kapazitätsgrenze, die 1960 ... 1964 noch bei 100 000 Tonnen lag, stieg bis zum Jahre 1970 auf das 5fache (61, S. 13). Solche Steigerungen sind für die Zukunft aus technisch-wirtschaftlichen Gründen ausgeschlossen, so daß sich auch auf dem Gebiet der Kunststofferzeugung die Produktivitätsfortschritte verlangsamen werden.

Die bereits jetzt realisierten Anlagegrößen in der Chemieindustrie zwingen aber — ähnlich den Verhältnissen im Flachstahlbereich der Stahlindustrie — die Unternehmen zu einer Kooperation besonderer Art, nämlich der gemeinsamen Investitionsplanung für Großanlagen. Wird dieser Weg nicht beschritten, sind beträchtliche Überkapazitäten und somit Fehlinvestitionen die zwangsläufige Folge.

Von den vier Unternehmen wurde das Unternehmen *C* in seiner Produktivitätsentwicklung für die Jahre 1962 ... 1970 untersucht. Die Berechnungen gehen aus Tabelle 1 hervor. Da die Mengenleistung *Mp*

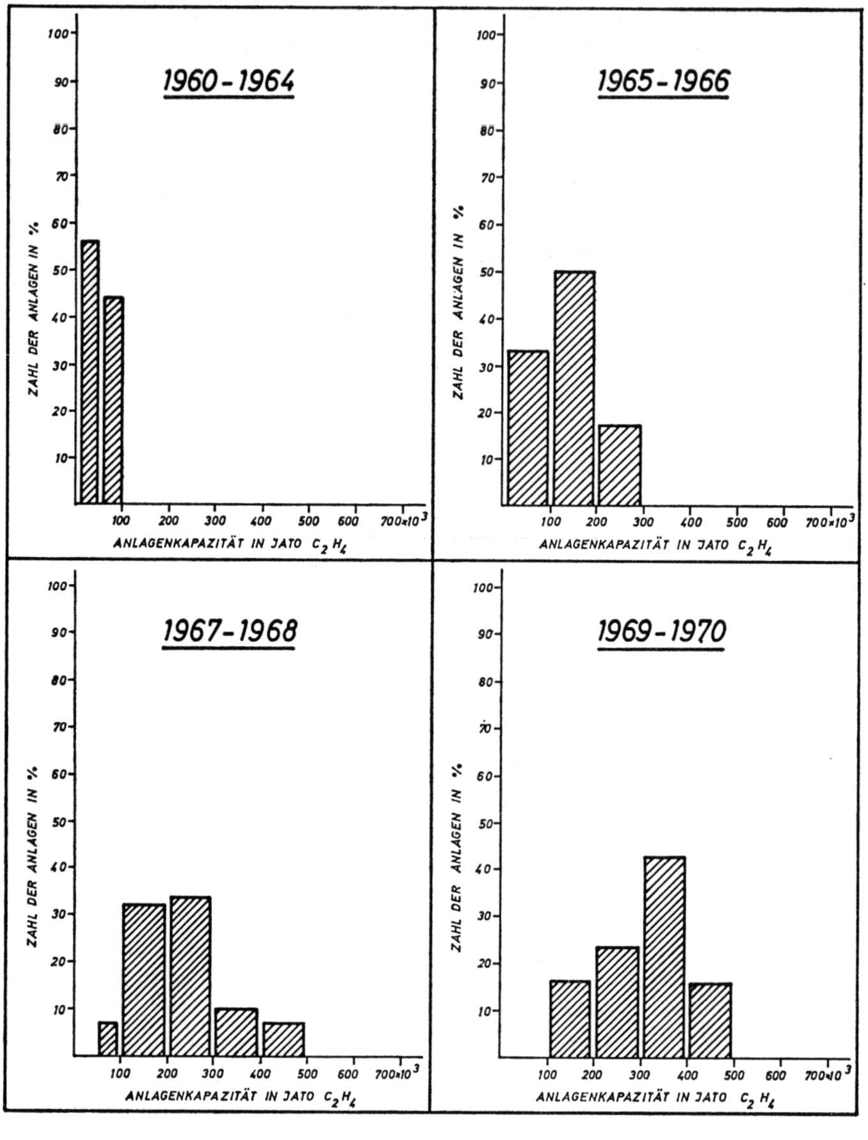
1960-1964
1965-1966
1967-1968
1969-1970
ZAHL DER ANLAGEN IN %
ANLAGENKAPAZITÄT IN JATO C_2H_4
100 200 300 400 500 600 700×10³
10 20 30 40 50 60 70 80 90 100

Darst. 41

gemäß Darst. 40 für die Unternehmen $B \dots D$ etwa gleich und auch das ganze Produktionsprogramm gut zu vergleichen ist, werden für diese Unternehmen ähnliche Ergebnisse zu erwarten sein, wie sie für das Unternehmen C in den Darstellungen 42 ... 44 aufgezeichnet wurden.

Der Produktionsanstieg um 112 Prozent in acht Jahren läßt doch eindeutig darauf schließen, daß dieses Chemieunternehmen, das sowohl durch starkes internes Wachstum als auch durch zahlreiche Beteiligungskäufe zum Konzentrationsprozeß in dieser Branche erheblich beigetragen hat, stets in der Lage war, durch adäquate Organisationsstrukturen das ständig verbreiterte Produktionsprogramm zu beherrschen. Der Preisverfall der Erzeugnisse — der Preisindet i_E in Darst. 42 fällt laufend ab — konnte neben den Lohnsteigerungen durch die beträchtlichen Produktivitätsfortschritte kompensiert werden, so daß die Gesamtkapitalrentabilität in Darst. 44 bis auf die Einbrüche in den Jahren 1967 und 1970 seit 1964, wo ein relativ hoher Produktivitätssprung stattfand, um die angestrebte Marge von 15 Prozent schwankt. An dieser Marge wurde die langfristige Preispolitik ausgerichtet, die durch veränderte Datenkonstellationen aus dem externen Bereich des Unternehmens in ihrer Stetigkeit unterbrochen wurde.

Der Verlauf der preisbereinigten Nettomenge MJ_n und der Anzahl beschäftigter Personen je Jahr apJ geht aus Darst. 43 hervor. Die Nettomenge steigt durch die Produktivitätsfortschritte und die Steigerung des technischen Faktors f_t steiler an als die apJ-Kurve. Die hohe Produktivitätssteigerung ist neben den bekannten Ursachen der Entwicklung neuer Produkte und Verfahren weitgehend auf die Kostensenkungseffekte je Einheit der Erzeugnisse zurückzuführen, die durch den Einsatz schnell wachsender Aggregatgrößen gemäß Darst. 41 ermöglicht wurden.

Die Wirkungen des Konzentrationsprozesses in der Chemieindustrie müssen positiv beurteilt werden. Marktmißbrauch in Teilbranchen ist nicht feststellbar, da Kostensenkungen stets durch Preissenkung an die Abnehmer weitergegeben wurden. Die erzielte Rentabilität ist im Vergleich zu amerikanischen Unternehmen, die etwa 20 Prozent erreichen, angemessen, da die stillen Reserven der amerikanischen Unternehmen höher sind.

Mögliche weitere Konzentrationstendenzen in der Zukunft werden hauptsächlich durch die Tragfähigkeit der Forschungsaufwendungen in den einzelnen Produktgruppen ausgelöst werden. Die Forschungsaufwendungen, deren Höhe die Nettogewinne bereits überschritten haben, deuten auf diese Entwicklung hin.

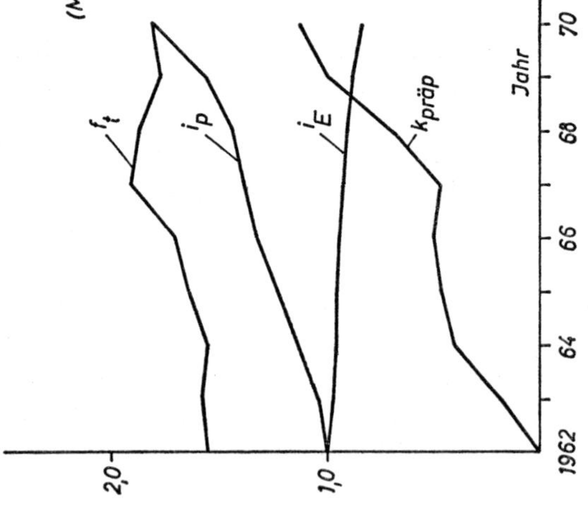

Darst. 42

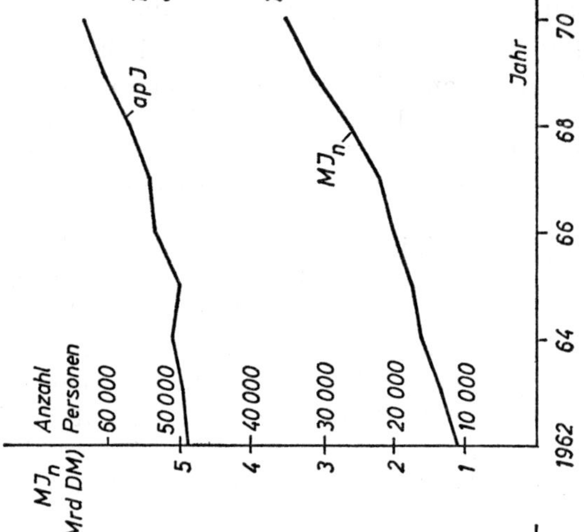

Darst. 43

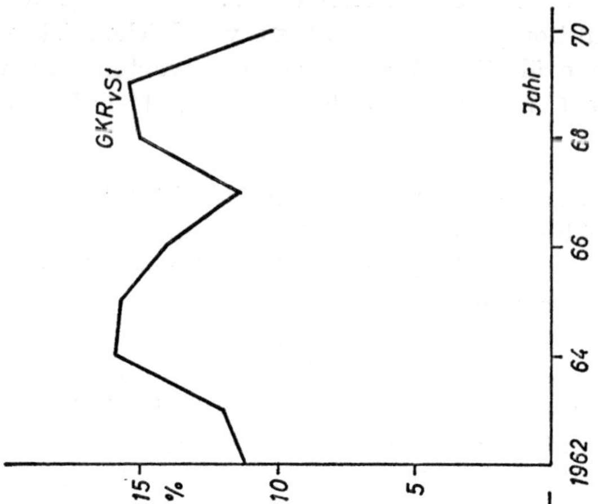

Darst. 44

2.1.4 Die Interpretation der Ergebnisse der Untersuchungen in der Elektroindustrie

Der Verlauf der Rentabilitäten für die Jahre 1969 und 1970 der drei Unternehmen

Standard Elektrik Lorenz AG = Unternehmen *A*
Allgemeine Elektrizitäts-Gesellschaft AG = Unternehmen *B*
Siemens AG = Unternehmen *C*

geht aus Darst. 45 hervor. Der hohe Vorsprung des Unternehmens *A*, dessen Produktionsprogramm in die sechs Geschäftsbereiche Fernsprechtechnik, Weitverkehr und Navigation, Kabel und Leitungen, Bauelemente, Rundfunk und Fernsehen und private Nachrichtentechnik aufgeteilt ist, die eine weitgehende Selbständigkeit besitzen, deutet darauf hin, daß die Unternehmen B und C beträchtliche Reibungsverluste hinnehmen müssen. Das Produktionsprogramm der Unternehmen *B* und *C* wurde relativ spät neu geordnet. Es geschah erst dann, als der Marktdruck zu groß wurde und unumgängliche Konzentrationsmaßnahmen — so z. B. im Turbinen-, Generatoren- und Kraftwerksbau — eingeleitet wurden, indem diese Sparten aus den Unternehmen *B* und *C* auf eine gemeinsame Tochtergesellschaft im Jahre 1969 ausgegliedert wurden.

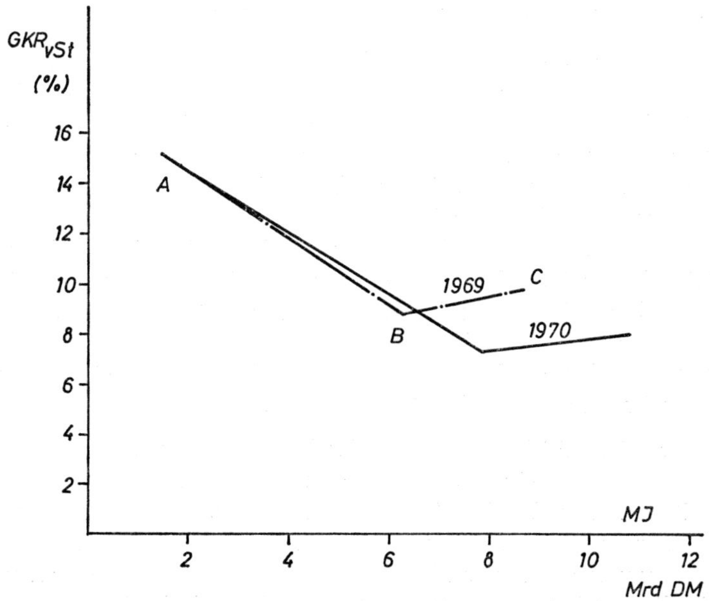

Darst. 45

Bei einer Kapazität von ca. 32 000 MW steht in Westeuropa nur eine Nachfrage von 15 000 MW dagegen, so daß der Weltmarktcharakter im Kraftwerksbau offenkundig ist.

Nach der Konzentration der genannten Produktgruppe erreichte die Tochtergesellschaft mit 6000 MW Kapazität erst annähernd die Größenordnung des BBC-Konzerns, ist jedoch noch von der Kapazität der beiden führenden amerikanischen Elektrokonzerne General Electric und Westinghouse Electric weit entfernt, die zusammen etwa 20 000 MW Kapazität aufweisen.

Die Konzentration auf diesem Gebiet war längst überfällig, da besonders in der Zukunft mit weiter steigenden Aggregatgrößen gerechnet werden muß, die erheblichen Entwicklungsaufwand voraussetzen. Für die Produktion dieser Einheiten sind wiederum Fertigungs- und Prüfkapazitäten notwendig, die im Alleingang nicht voll genutzt werden könnten. Eine Prognose der zusätzlich installierten Leistungen ab 1970 bis 1985 eines großen europäischen Elektrokonzerns, der auch die Unterlagen für die Darstellungen 47 und 48 zur Verfügung gestellt hat, geht aus Darst. 46 hervor. Die Darst. 47 zeigt die erwartete Zunahme der mittleren Einheitsleistung der Kraftwerke.

Die Kostendegression im Fertigungsbereich geht aus Darst. 48 hervor. Bei konstanter Kapazität von 3 Millionen Fertigungsstunden steigt die Leistung bei größer werdenden Turbosätzen beträchtlich an.

Ob die geringe Rentabilität des Unternehmens *C* durch die 1969 erfolgte Neugliederung in sechs Unternehmenseinheiten — die wiederum in drei bis vier Geschäftsbereiche untergliedert wurden — und fünf koordinierende Zentralbereiche auf das Niveau des Unternehmens *A* angehoben werden kann, ist sehr fraglich. Die hohe Rentabilität des Unternehmens *A* dürfte z. T. durch die niedrigeren Forschungsaufwendungen je Einheit der Erzeugnisse infolge des Verbunds mit dem multilateral operierenden ITT-Konzern ermöglicht worden sein. Auf die relativ hohe Belastung der Kostenträger mit Forschungs- und Entwicklungskosten bei den Unternehmen *B* und *C* wurde schon bei der Untersuchung des Einflusses dieses Kostenblocks auf Konzentrationstendenzen im ersten Teil der Arbeit hingewiesen.

Selektive Umschichtungen des Produktionsprogramms, die in den betreffenden Produktgruppen die Konzentration verstärken, werden sich in Zukunft in der Elektroindustrie nicht vermeiden lassen. Dabei sind Dekonzentrationen — von der Kapitalseite her betrachtet — durchaus nicht auszuschließen, weil die Finanzierungsvorteile Größenordnungen wie die der Unternehmen *B* und *C* nicht rechtfertigen.

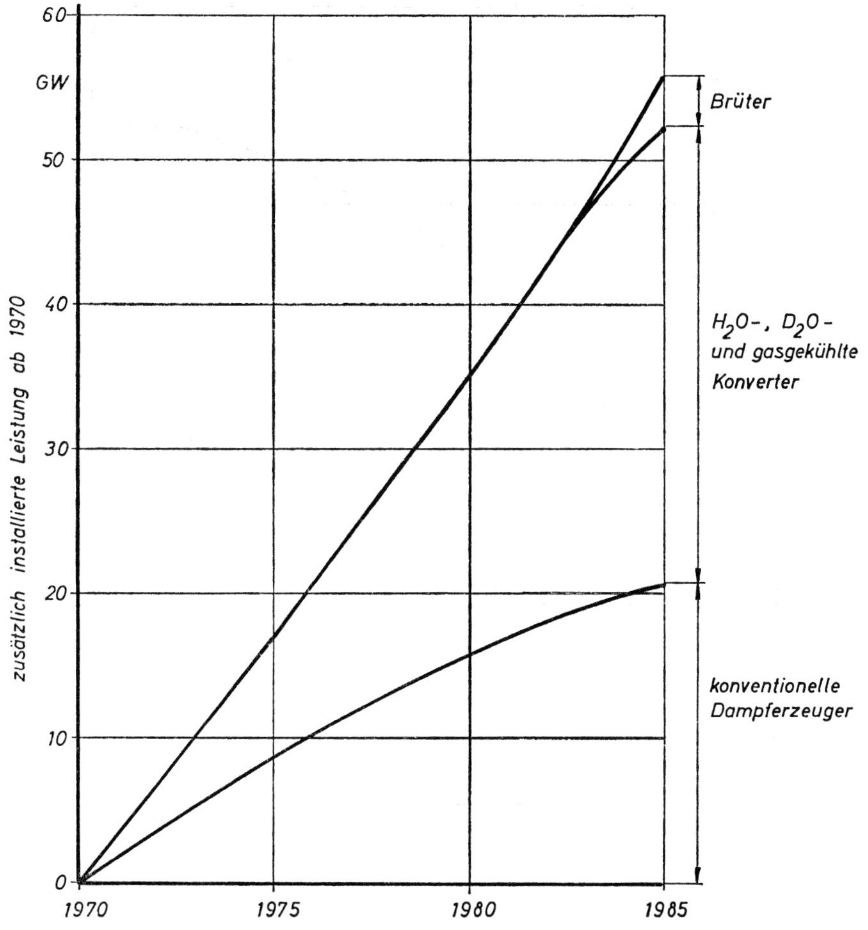
60
GW
50
40
30
20
10
0
zusätzlich installierte Leistung ab 1970
1970
1975
1980
1985
Brüter
H2O-, D2O-
und gasgekühlte
Konverter
konventionelle
Dampferzeuger

Darst. 46

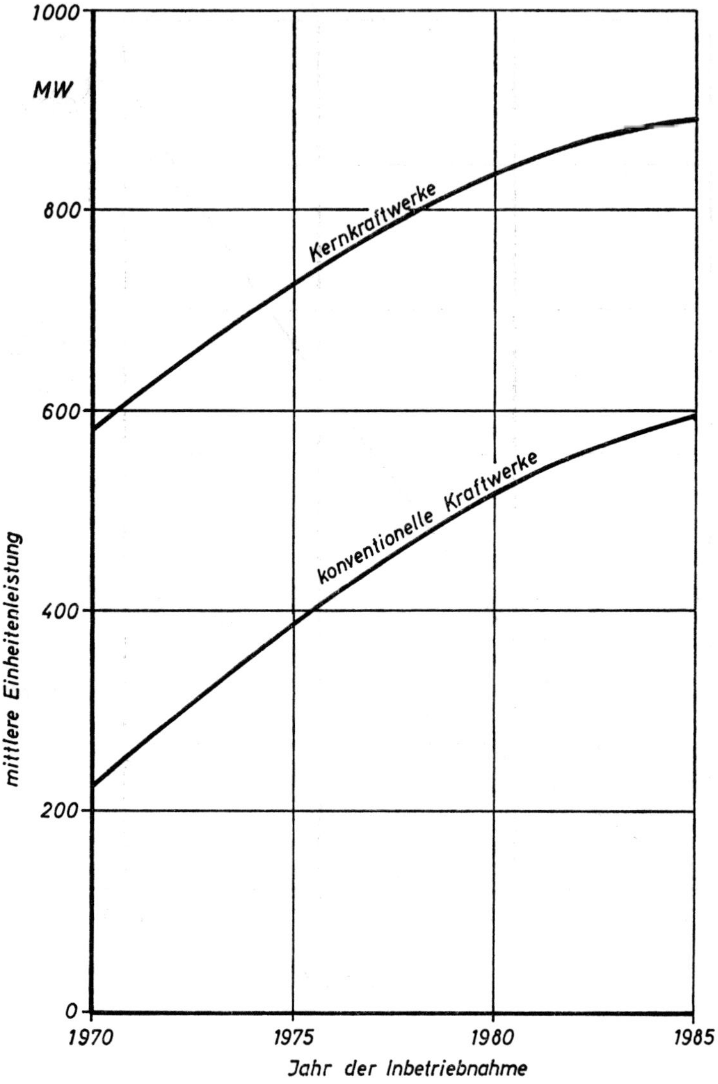
1000
MW
800
600
400
200
0
mittlere Einheitenleistung
Kernkraftwerke
konventionelle Kraftwerke
1970
1975
1980
1985
Jahr der Inbetriebnahme

Darst. 47

Turbosatz n = 3000 U/min

Kapazität: 3'000.000 ext. Ftg.-Std.

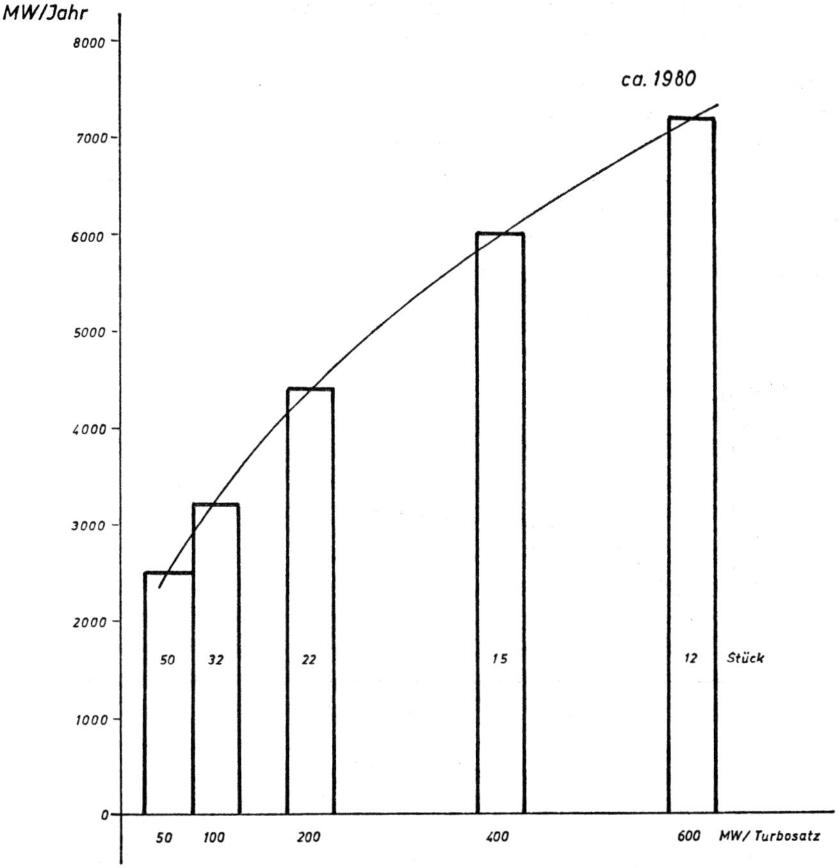

Darst. 48

2.1.5 Die Interpretation der Ergebnisse der Untersuchungen im Maschinenbau

Die Höhe der Gesamtkapitalrentabilität der Unternehmen
A = Schubert & Salzer Maschinenfabrik AG
B = Orenstein & Koppel AG
C = Demag AG
D = Maschinenfabrik Augsburg-Nürnberg AG
E = Klöckner-Humboldt-Deutz AG

geht aus der Darst. 49 hervor. Die äußerst geringe Rentabilität des Unternehmens A ist nicht durch eine etwaige zu kleine Betriebsgröße bedingt, sondern hauptsächlich durch eine verfehlte Konzeption der Kostenstruktur. Der geringe Anteil der Stoffaufwendungen von 36,2 Prozent an der Gesamtleistung zwingt das Unternehmen *A*, bei der Erfüllung seines Produktionsprogramms auf spezialisierte Zuliefererbetriebe weitgehend zu verzichten, was sich letztlich in einem höheren Kostenniveau der in Eigenfertigung erstellten Einzelteile niederschlägt.

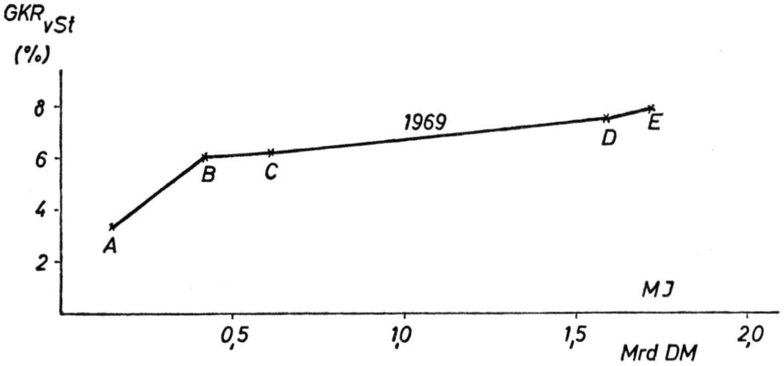

Darst. 49

Die Produktionsprogramme der Unternehmen *B* ... *E* sind sehr breit angelegt. Die Anzahl der beschäftigten Personen in den dezentral errichteten Betrieben geht z. B. beim größten Unternehmen *E* nicht über 8000 hinaus. Der geringe Unterschied in der erzielten Rentabilität weist darauf hin, daß mögliche Konzentrationsursachen nicht von der Unternehmensgröße an sich ausgehen können. Bei der Breite der Produktionsprogramme der untersuchten Unternehmen *B* ... *E* dürften relevante Konzentrationsmotive hauptsächlich im Bereich der Fertigungs-, Entwicklungs- und Absatzkosten einzelner Produktgruppen zu suchen sein.

Die absolute Höhe der erzielten Rentabilitäten ist bei allen Unternehmen dieser Branche unzureichend. Die Verwirklichung des technischen Fortschritts durch die Unternehmen der Maschinenbauindustrie wirkt sich nicht positiv auf die Rentabilität aus. Die Preispolitik dieser Branche ist offenbar aufgrund der starken Wettbewerbsverhältnisse und der heterogenen Struktur der Märkte streng an den Kosten der Erzeugnisse ausgerichtet.

Der Konzentrationsprozeß bei den beiden größten Unternehmen *D* und *E* verlief sehr differenziert. Die Form der Kooperation in einzelnen Produktgruppen dominierte vor der Konzentration durch Kapitalverflechtung ganzer Unternehmen.

Die Konzentrationsmotive des Unternehmens *E* bei der Übernahme der Landmaschinenproduzenten Fahr und Ködel & Böhm waren absatzorientiert. Eine produktionstechnische Verbundenheit der Produktionsprogramme der übernommenen Unternehmen mit dem Programm des Unternehmens *E* war nicht gegeben. Die Ergänzung des Verkaufsprogramms durch ein breites Landmaschinensortiment sollte ein schnelleres Wachstum des Produktbereichs Traktoren ermöglichen. Durch eine zeitlich begrenzte Kooperation mit der Linde AG und der Rheinstahl Hanomag AG wurde das Ausscheiden dieser beiden Unternehmen aus dem Traktorenmarkt erleichtert. Das Unternehmen *E* übernahm die Vertriebsorganisationen und den Ersatzteil- und Kundendienst und sicherte sich somit die Marktanteile der Linde AG und der Rheinstahl Hanomag AG. Bemerkenswert ist die relativ spät erfolgte Konzentration in diesem Bereich. Bei einer Traktorenproduktion der Rheinstahl Hanomag AG von ca. 7000 Stück im Jahr konnte auch bei sehr langfristiger Planung die erforderliche Größenordnung von 30 000 Stück die das Unternehmen *E* fertigte, nicht erreicht werden. Der Vorteil der raschen Umstrukturierung des Produktionsprogrammes, der großen Konzernen oft nachgesagt wird, kann hier nicht festgestellt werden.

Die Ansicht der Unternehmensleitung des Unternehmens *E* zum Konzentrationsprozeß innerhalb der Nutzfahrzeugindustrie — der Produktbereich Nutzfahrzeuge ist mit einem Anteil von 42 Prozent des Umsatzvolumens für das Unternehmen *E* zwar dominierend, im internationalen Maßstab gesehen jedoch sehr klein — ist folgende:

„Magirus-Deutz erreicht aufgrund seiner Größenordnung sowie der weiter auszubauenden dezentralisierten Organisationsform Kostenvorteile, die ein großer und naturgemäß kopflastiger Konzern nicht erzielen könne. Mit dieser Größenordnung seien noch zwei weitere wesentliche Vorteile verbunden: Flexibilität und Exklusivität. Es gebe kaum einen Wirtschaftszweig, in dem neben den Großen nicht ein oder zwei gesunde sogenannte Kleine operieren, und zwar mit großem Erfolg. Ihre Stärke liegt einmal in der großen Beweglichkeit im Vergleich zu großen Konzernen, in der Anpassung an Marktbedürfnisse, und zum anderen in der Möglichkeit, sich auf eine relativ kleine, aber anspruchsvolle Kundenschicht zu spezialisieren, die für die Stückzahlvorstellung der Großen uninteressant sei. In diesem Sinne betrachte Magirus-Deutz alle weiteren Konzentrationsbewegungen geradezu mit Wohlwollen, weil dadurch der eigene Weg der Flexibilität und Exklusivität vielleicht allein erhalten bliebe. Aufgrund seiner kurz- und langfristig guten Ausgangs- und Wettbewerbssituation bleibe Magirus-Deutz lieber allein. Das schließe freilich Teil- und Gesamtkooperationen nicht aus. Magirus-Deutz werde sie aber nur eingehen, wenn diese Kooperation für den spezifischen Konzern-Verband Magirus-Deutz sinnvoll sei" (62, S. 14).

Die bewußte Ausrichtung auf eng abgegrenzte Bereiche innerhalb einer Produktgruppe ermöglicht demnach auch Unternehmen der Investitionsgüterindustrie einen gewissen Spielraum gegenüber Unternehmen mit Massenproduktion.

Die Höhe des technischen Faktors f_t der untersuchten Unternehmen *A—E* liegt zwischen 1,13 und 1,18. Der enge Bereich deutet darauf hin, daß eine zunehmende Technisierung mit der Unternehmensgröße in dieser Branche nicht gegeben ist.

2.1.6 Die Interpretation der Ergebnisse der Untersuchungen in der Zementindustrie

Folgende Unternehmen wurden in die Untersuchung einbezogen:

A = Teutonia Misburger Portland-Cementwerk
B = Germania Zementwerke AG
C = Nordcement AG
D = Dyckerhoff Zementwerke AG
E = Portland-Zementwerke Heidelberg AG

Die Zementindustrie ist zu den kapitalintensivsten Branchen zu rechnen. Die Erstellung einer Jahreszementkapazität von 1 Mio. t erfordert zu Preisen von 1971 gerechnet etwa einen Aufwand von 200 Mio. DM. Der damit zu erzielende Umsatz von ca. 60 Mio. DM ergibt eine äußerst geringe Umschlagshäufigkeit von 0,3.

Die Konzentration in der Zementindustrie ist auf den meisten regionalen Märkten stark ausgeprägt. Dabei spielen Kapitalverflechtungen — wie in kaum einer anderen Branche — eine besondere Rolle. Von den deutschen Kapitalgesellschaften der Zementindustrie gibt es kein Unternehmen mehr, das nicht bereits durch Schachtel- oder Mehrheitsbeteiligungen bestimmter Gruppen beherrscht wird. Der große

Kapitalbedarf und der Zwang zur Erstellung großer Einheiten werden als Motiv der Unternehmenszusammenschlüsse angegeben. Ob die dabei angestrebten Größenordnungen der Betriebe, die sich weitgehend an den zur Zeit maximal erstellten Aggregatgrößen ausrichten, aus Rentabilitäts- und Produktivitätsgesichtspunkten zu rechtfertigen sind, soll im folgenden untersucht werden.

Der Verlauf der Gesamtkapitalrentabilität der Unternehmen $A \dots E$ geht aus Darst. 50 hervor. Bei rein formaler Betrachtung müßte eine zunehmende Effizienz mit wachsender Unternehmensgröße festgestellt werden. Die alleinige Verwendung der Gesamtkapitalrentabilität als Effizienzkriterium würde jedoch zu Fehlschlüssen führen, da die Unternehmen A, B und C von regionalen Preiskämpfen voll, die Unternehmen D und E dagegen nur teilweise getroffen wurden. Ein Produktivitätsvergleich mit preisbereinigten Daten nach der vorgeschlagenen Methode von Böhrs bietet sich hier besonders an, da die Unternehmen der Zementindustrie infolge ihrer homogenen Produktion gut vergleichbar sind.

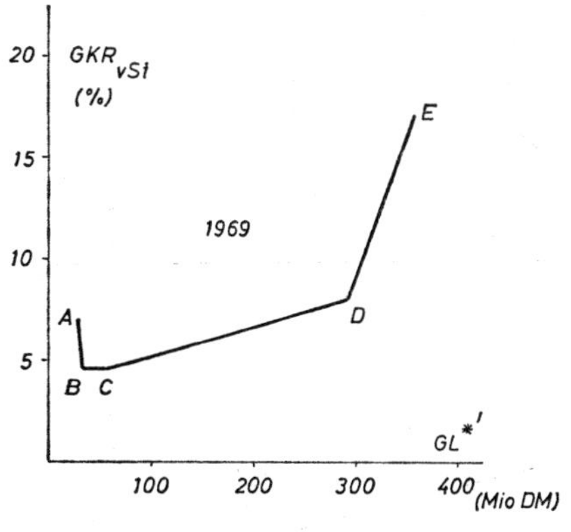

Darst. 50

Aus den Tabellen 2 bis 6 geht die Berechnung des Produktivitätsänderungskoeffizienten $k^*_{\text{präp}}$ *hervor*.

Die Darstellungen 51 ... 55 zeigen die Ergebnisse der Untersuchung für die Unternehmen $A \dots E$.

Der starke Produktivitätsanstieg der Unternehmen A, B und C seit dem Jahre 1967 hat mehrere Ursachen. Durch die Auflösung der Ze-

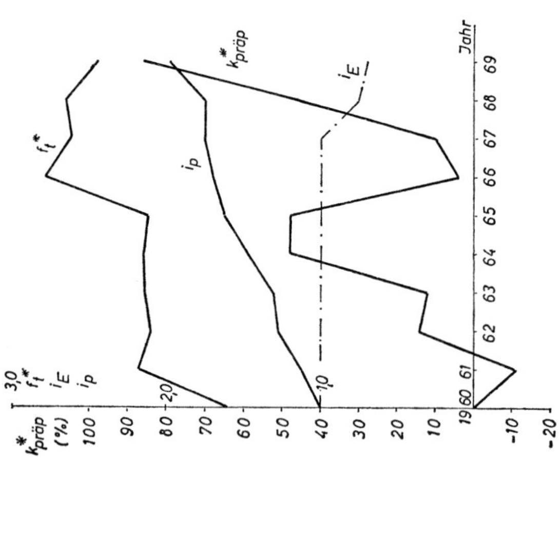

Darst. 51

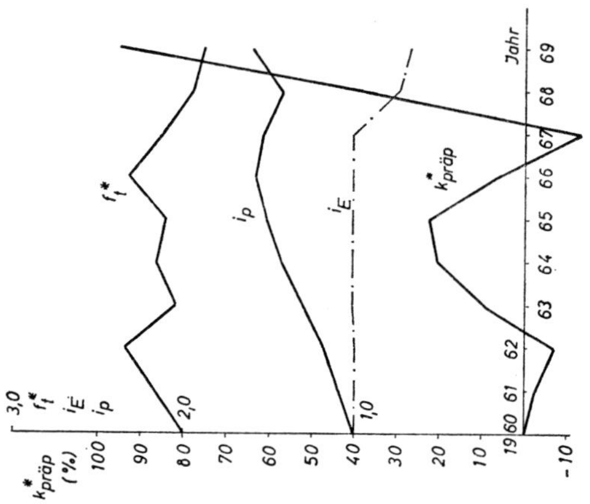

Darst. 52

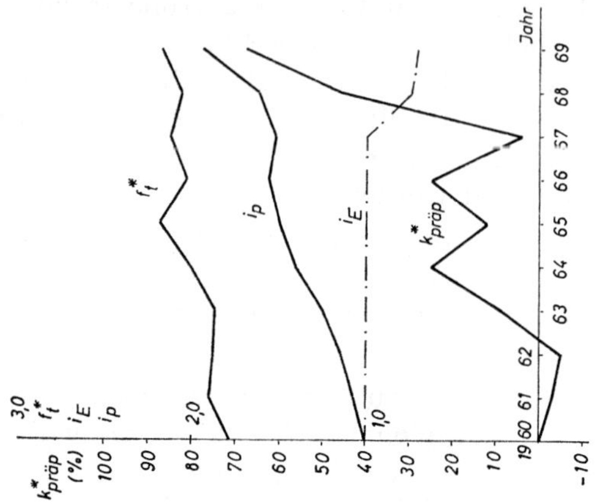

Darst. 53

mentkartelle wurde auf dem westfälischen Markt ein ruinöser Preiswettbewerb ausgelöst. Zeitweilig lagen die Preise von 25 DM/t etwa 30 % unter den Selbstkosten, so daß eine Reihe von mittleren und kleinen Zementunternehmen in diesem Teilmarkt ihre Selbständigkeit aufgeben mußten. Diese Preiskämpfe wirkten sich auch auf die Absatzgebiete der Unternehmen *A*, *B* und *C* aus, was sich in einem entsprechenden Abfall des Erzeugerpreisindex i_E in den Darstellungen 51 ... 53 niederschlägt. Diese Erlöseinbußen zwangen die Unternehmen *A*, *B* und *C* zu verstärkter Rationalisierung. Die außerordentlich hohen Produktivitätssteigerungen der Jahre 1967 ... 1969 beruhen zum Teil auf reinen Nutzungsgradschwankungen. Die Haupteinflußgröße ist jedoch im drastischen Personalabbau bei steigender Mengenproduktion zu suchen, wie aus den Darstellungen 56 und 57 hervorgeht. Die bis 1967 bestandenen Zementkartelle führten zu einer Aufblähung der Personalkosten, die innerhalb kurzer Zeit im scharfen Preiswettbewerb abgebaut wurden.

Der Produktivitätsanstieg der Unternehmen *A*, *B* und *C* ist auch noch beachtlich, wenn man den bereits vorher erreichten Maximalpunkt zugrunde legen würde. Der Produktivitätseinbruch des Jahres 1967 bei den Unternehmen *A*, *B* und *C* gegenüber dem vorher erreichten Stand ist auf die mangelnde Kapazitätsauslastung zurückzuführen. Der Mengenverlauf *MJ* in Darst. 57 zeigt das in sehr anschaulicher Form.

Der geringere Produktivitätsanstieg der Unternehmen *D* und *E* läuft mit dem geringeren Preisverfall seit 1967 synchron, wie aus den Darstellungen 54 und 55 hervorgeht.

Den Verlauf der Menge *MJ* und der Anzahl Personen je Jahr *apJ* der Unternehmen *D* und *E* zeigen die Darstellungen 58 und 59.

Die durch den starken Produktivitätsanstieg der Unternehmen *A* und *B* induzierte Kostensenkung wird zukünftig in der Rentabilitätsdarstellung 50 zu einer starken Verschiebung führen, sobald die erheblichen Preisrückgänge gegenüber den Unternehmen *D* und *E* abgebaut sind. Die Gesamtkapitalrentabilitäten der kleinsten Unternehmen *A* und *B* werden bereits für das Geschäftsjahr 1971 beträchtlich über denen der größten Unternehmen *D* und *E* liegen, da der einmal erreichte Kostenvorsprung bei einer Normalisierung der Preis- und Beschäftigungslage erfahrungsgemäß nicht wieder rückgängig gemacht wird.

Untersucht man die Größenverhältnisse der Betriebe der Unternehmen *A* ... *E*, so verringert sich der Abstand zwischen dem kleinsten Unternehmen *A* und dem größten Unternehmen *E* beträchtlich. Die jeweiligen Betriebsgrößen bei der Mehrzahl der Werke des Unternehmens *E* gehen nicht über die doppelte Größe der Unternehmens *A* hinaus. Die wichtigsten Aggregate, in denen der Hauptteil der Kosten

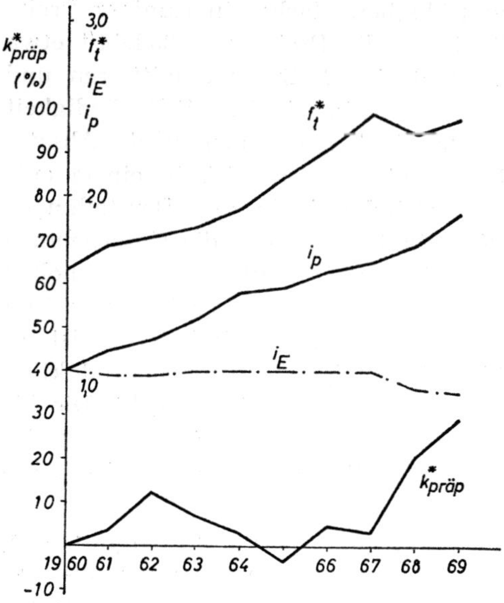

Darst. 54

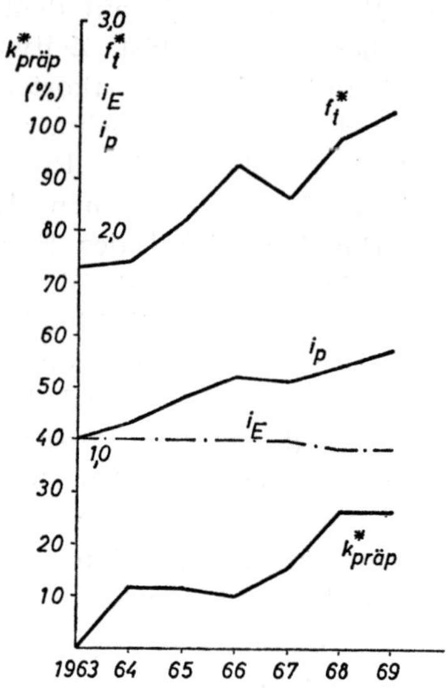

Darst. 55

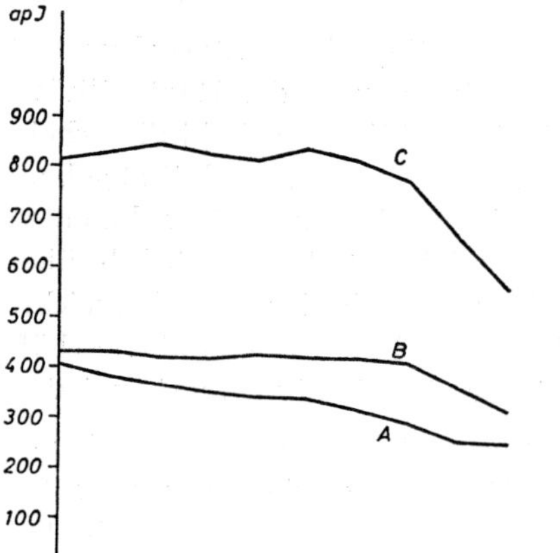

Darst. 56

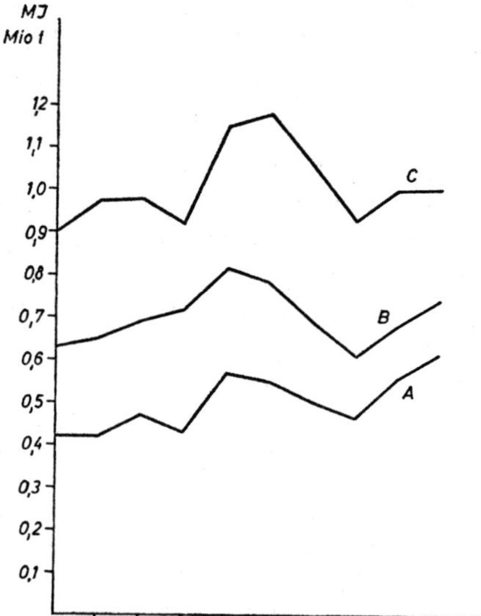

Darst. 57

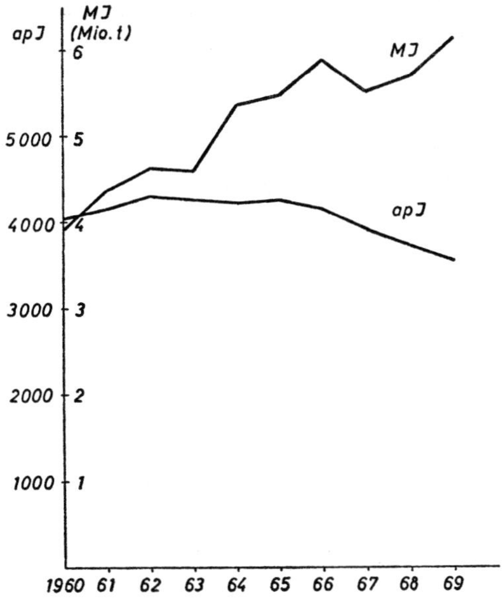

Darst. 58

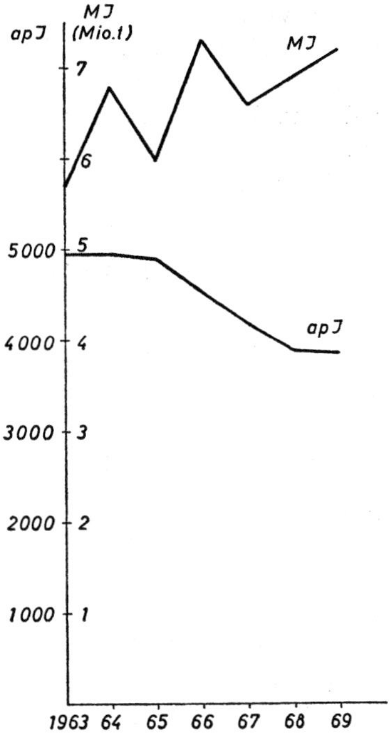

Darst. 59

anfällt, weisen auch beim größten Unternehmen *E* nur die 2,5fache Größe der Aggregate des kleinsten Unternehmens *A* auf.

Die höhere Produktivität und die beträchtlich höher liegende Gesamtkapitalrentabilität der Unternehmen *A* und *B* bei Annahme konstanter Preisverhältnisse gegenüber allen anderen untersuchten Unternehmen weisen darauf hin, daß die im theoretischen Teil der Arbeit aufgestellten Nebenbedingungen für die Realisation der angestrebten Kostensenkungen beim Einsatz von Großaggregaten in der Praxis nicht ohne weiteres zu erfüllen sind. Der hohe technische Faktor des Unternehmens *A* in Darst. 51 gegenüber dem niedrigen Niveau des Unternehmens *D* in Darst. 54 zeigt deutlich, daß die angeblichen Vorteile in der finanziellen Sphäre der Großunternehmen selbst in der äußerst kapitalintensiven Zementindustrie keinen direkten Einfluß auf den Technisierungsgrad des Gesamtunternehmens besitzen. Der großen Finanzmasse stehen eine Vielzahl von zu finanzierenden Projekten in den einzelnen Betrieben gegenüber, so daß höchstens punktuelle Schwerpunkte in der Investitionspolitik gesetzt werden können, was aber eine Vernachlässigung der übrigen Betriebe nach sich zieht.

Der Vorsprung in der Produktivitätsentwicklung der kleinen Unternehmen *A* und *B* weist darauf hin, daß die Konzentration in der Zementindustrie überzogen ist. Die Unternehmen *D* und *E* besitzen selbst bei Berücksichtigung der leichteren Finanzierbarkeit von Schwerpunktinvestitionen eine Größenordnung, die etwa das Fünffache der erforderlichen Unternehmensgröße ausmacht.

2.1.7 Die Interpretation der Ergebnisse der Untersuchungen in sonstigen Branchen

Die geringe Gesamtkapitalrentabilität der beiden Konzernunternehmen

A = Preußag AG
B = Rheinstahl AG

in Darst. 60 für die Jahre 1969 und 1970 weist darauf hin, daß von einer zu starken Diversifikation, die praktisch nur eine kapitalmäßige Konzentration ohne sinnvolle Programmabstimmung beinhaltet, negative Wirkungen ausgehen können. Die hohe Finanzkraft des Unternehmens *B*, die man bei der erbrachten Gesamtleistung von 4,765 Mrd. DM vermuten müßte, ist nicht existent, da dieses Volumen von 16 Geschäftsbereichen erstellt wurde, die laufend finanziert werden müssen. Für Schwerpunktinvestitionen bleibt somit gegenüber spezialisierten Unternehmen nur ein geringer Spielraum, der durch die permanenten Rentabilitätskrisen der letzten Jahre zunehmend kleiner wurde.

Die Investitionspolitik des Unternehmens *B* führte gerade bei den Schwerpunktinvestitionen zu erheblichen Fehlentscheidungen, als es darum ging, beträchtliche Mittel langfristig in der völlig neuen Produktsparte Aluminium zu binden.

Sehr aufschlußreich ist der Verlauf der Gesamtkapitalrentabilitäten folgender Unternehmen aus der Brauereibranche:

A = Brauerei Feldschlößchen AG
B = Dortmunder Hansa Brauerei AG
C = Schultheiss-Brauerei AG

Der hohe Vorsprung des kleinsten Unternehmens *A* in Darst. 61 gegenüber den weit größeren Unternehmen *B* und *C* in den beiden Jahren 1969 und 1970 weist — ähnlich den Verhältnissen in der Zementindustrie — auf eine überzogene Konzentration hin. Der geringe Kostenvorteil bei der Produktion in Großaggregaten wird offensichtlich durch höhere Vertriebs- und Transportkosten überkompensiert. Vorteile im Einkauf sind bei diesen Größenordnungen ebenfalls nicht relevant. Der Konzentrationsvorgang in der Brauereiindustrie wurde hauptsächlich durch Beteiligungskäufe von großen Brauunternehmen und Banken forciert. Kostenoptimalere Strukturen sind damit kaum geschaffen worden.

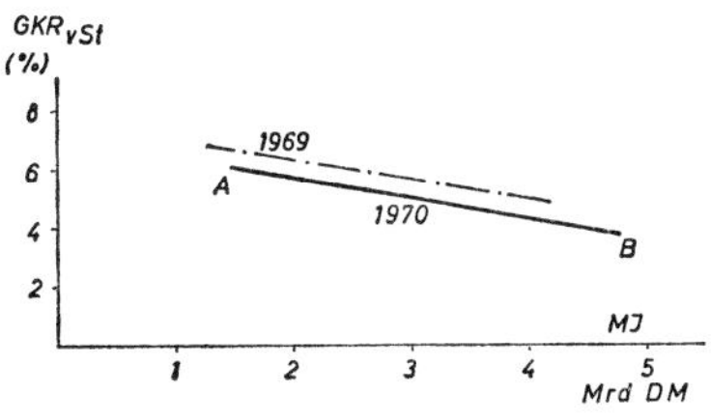

Darst. 60

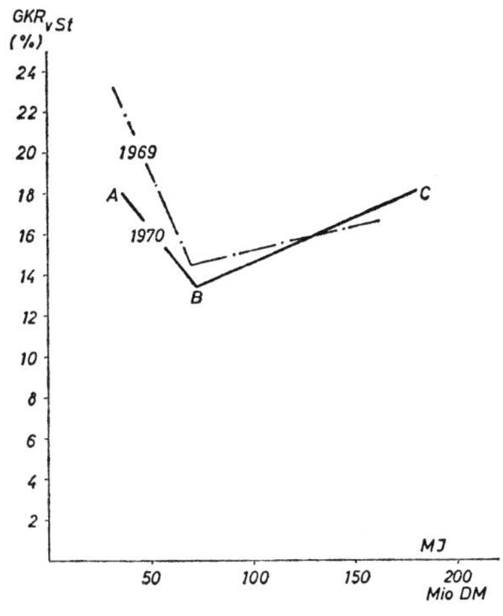

Darst. 61

Die Konzentration der deutschen Kaliindustrie wurde mit der Notwendigkeit der Schaffung „internationaler Größenordnungen“ erklärt (63, S. 8). Bei einer dezentralen Produktion auf 14 Schachtanlagen ist das Argument der internationalen Größenordnungen nicht begründet, da die durchzuführenden Rationalisierungsmaßnahmen auf den einzelnen Schachtanlagen erfolgen müssen. Die Entwicklung der Produktivität der sieben Schachtanlagen des einen Konzentrationspartners Vereinigte Kaliwerke Salzdetfurth AG geht aus Darst. 62 hervor. In Tabelle 7 sind die Ausgangsdaten und die errechneten Produktivitätskennziffern sowie die Zahlen der Gesamtkapitalrentabilität enthalten. Der Verlauf des technischen Faktors f_t' in Darst. 62 zeigt nur eine geringe Zunahme der Technisierung an. Die sehr hohen Gesamtkapitalrentabilitäten beruhen auf der hohen Substanz und einer starken Marktstellung, die durch Preiseinbrüche ab 1966 auf den Exportmärkten gefährdet wurde. Der hohe Produktivitätsanstieg seit diesem Zeitpunkt wurde durch verstärkte arbeitsorganisatorische Rationalisierungsmaßnahmen erzielt. Der starke Personalabbau seit dem Zeitpunkt des Preiseinbruchs im Jahre 1966 bei steigender Mengenproduktion läßt ähnliche Tendenzen wie die der Zementindustrie erkennen (Darst. 63).

Konnte für das Rumpfgeschäftsjahr vom 1. 1. 1970 ... 30. 6. 1970 von dieser Gesellschaft an die Holding Salzdetfurth AG noch ein Gewinn von 25,6 Mio. DM (64, S. 18) abgeführt werden, so betrug der 50prozen-

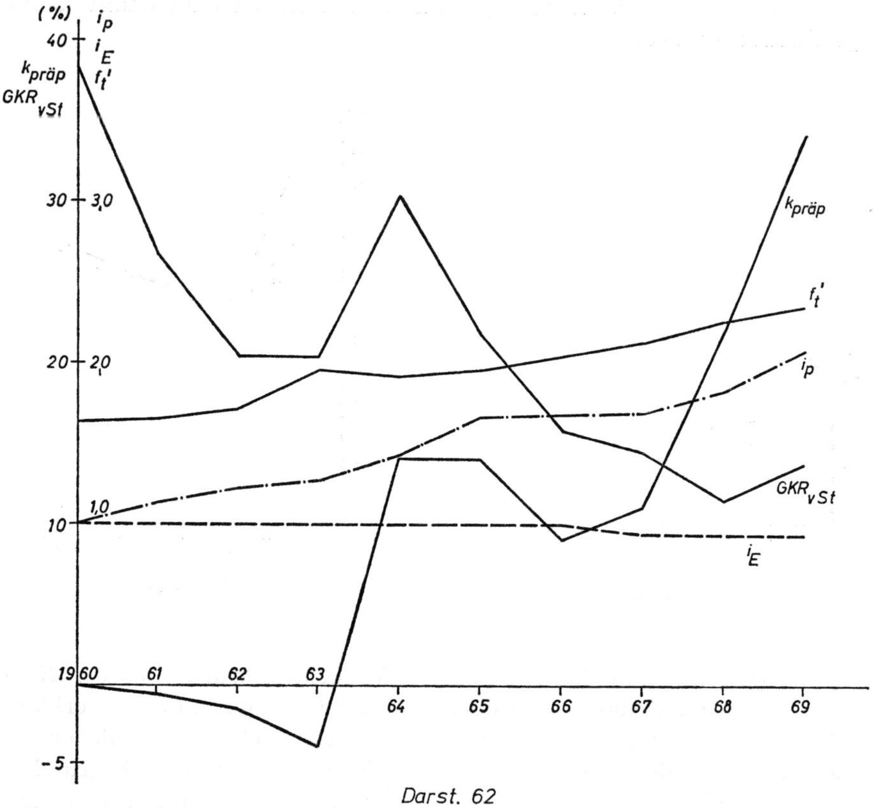

Darst. 62

tige Gewinnanteil aus der mehr als doppelt so großen Unternehmenseinheit Kali und Salz AG im Jahr 1971 nach der Fusion nur noch 4,6 Mio. DM (65, S. 17). Dieser scharfe Gewinnrückgang nach erfolgter Fusion ist im Hinblick auf die Schwierigkeiten im Exportgeschäft durch die Veränderungen der Währungsparitäten und die Kostensteigerungen allein nicht zu erklären. Durch die Fusion bedingte Reibungsverluste und Produktivitätsrückgänge dürften sich hier — analog den Verhältnissen bei der Gründung der Ruhrkohle AG — entsprechend niedergeschlagen haben.

Der Verlauf der Gesamtkapitalrentabilität der drei Unternehmen der Kautschukindustrie

A = Dunlop AG, Hanau
B = Phoenix Gummiwerke AG, Hamburg-Harburg
C = Continental Gummiwerke AG, Hannover

für das Jahr 1970 geht aus Darst. 64 hervor.

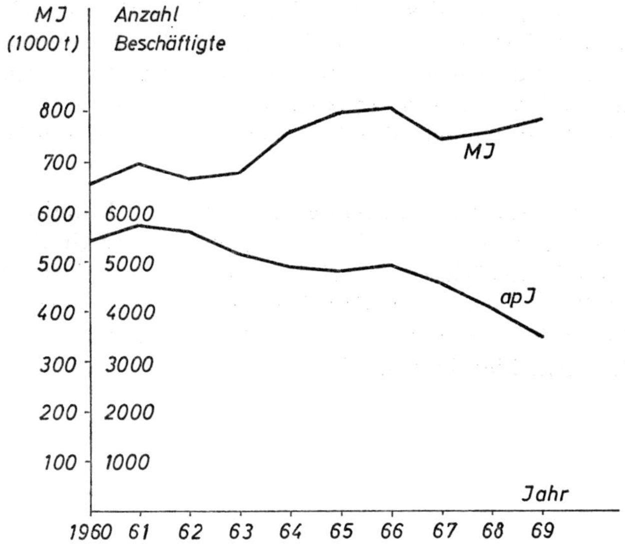

Darst. 63

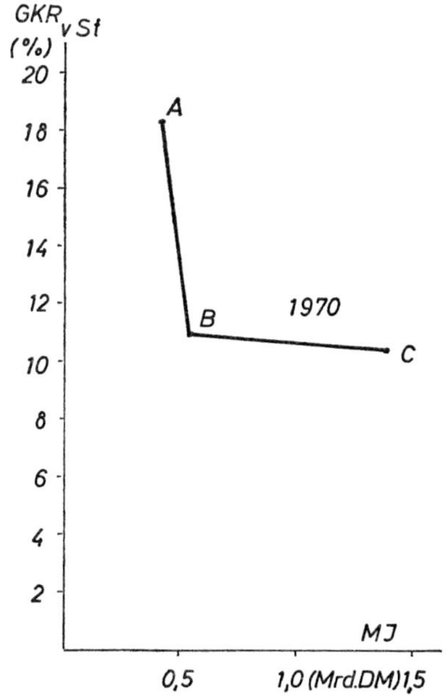

Darst. 64

Der weite Vorsprung des Unternehmens *A* dürfte weitgehend durch die niedrigeren Forschungskosten je Einheit der Erzeugnisse bedingt sein, die sich aus dem Konzernverbund mit dem weltweit operierenden englischen Dunlop-Konzern ergeben. Das zu breite Produktionsprogramm des Unternehmens *C* wirkt sich negativ auf die Rentabilität aus.

Die angestrebte Konzentration der Unternehmen *B* und *C* durch eine Fusion müßte neben Rationalisierungsgewinnen durch Sortimentsbereinigung — hauptsächlich im Entwicklungs- und Absatzbereich — Kostenvorteile bringen. Dazu wird sich die Schaffung einer einheitlichen Marke, die vorübergehend geringe Absatzeinbußen nach sich ziehen kann, nicht vermeiden lassen.

3 Konzentration und Gesetzgebung

Die bisherige Gesetzgebung in der Form des Gesetzes gegen Wettbewerbsbeschränkungen (GWB) hat zweifellos zur vermögensrechtlich abgesicherten Konzentration beigetragen. Durch Fusionen, Beteiligungserwerb und Gemeinschaftsgründungen von Unternehmen konnten die Bestimmungen des Gesetzes umgangen werden. Neben Konzentrationen aus dem Zwang zur Senkung der Kosten wurden in der vorliegenden Arbeit jedoch auch Konzentrationsbewegungen in mehreren Branchen festgestellt, die aus kostentheoretischer Sicht keine Berechtigung haben.

Die geplante Novelle der Bundesregierung zum GWB soll durch eine vorbeugende Fusionskontrolle und eine Verbesserung der Mißbrauchsaufsicht über marktbeherrschende Unternehmen die Schwächen des vorhandenen Gesetzes weitgehend beseitigen. Die bisherigen Entwürfe lassen jedoch vermuten (66, S. 139 ff.), daß die Eingriffskriterien zwar für neu entstehende Unternehmensgebilde brauchbar sind, bereits bestehende Vermachtungen jedoch nicht adäquat erfaßt werden.

Geht man davon aus, daß zu der vorhandenen Anbietermacht sowohl durch Beteiligungserwerb als auch durch überdurchschnittliches internes Wachstum einzelner Unternehmen weitere Anbietermacht hinzukommt, so wird die Bedeutung der Mißbrauchsaufsicht für die Erhaltung der Wettbewerbsordnung höher einzuschätzen sein als die Fusionskontrolle selbst.

Die Erfahrungen mit der Anwendung des Artikels 86 des EWG-Vertrages, der den Mißbrauch bei marktbeherrschender Stellung eines Unternehmens definiert, stimmen jedoch skeptisch. Die erstmalige Anwendung des Artikels 86 durch die Europäische Kommission wurde durch die Aktivitäten des amerikanischen Unternehmens Continental Can Company Inc. auf dem EWG-Markt ausgelöst. Durch die Übernahme des größten niederländischen Verpackungsmittelherstellers Thomassen en Drijver-Verblifa N.V. zu der bereits vorhandenen Mehrheitsbeteiligung Schmalbach-Lubeca-Werke AG in Deutschland vermutete die Europäische Kommission einen Mißbrauch nach Artikel 86 (67). Der Wortlaut des Artikels 86 geht jedoch davon aus, daß eine mißbräuchliche Ausnutzung einer beherrschenden Stellung verboten ist, die durch Erzwingung von unangemessenen Einkaufs- und Verkaufspreisen, Einschränkung der Erzeugung und der Anwendung unterschiedlicher Bedingungen gegenüber verschiedenen Handelspartnern zu entsprechenden Vorteilen des der Mißbrauchsaufsicht unterliegenden Unternehmens führt. Ein hoher Marktanteil bei horizontaler Verflechtung, wie er im vorliegenden Fall gegeben ist, hat mit Mißbrauch jedoch noch nichts gemein.

Die nicht überhöhten Gesamtkapitalrentabilitäten der Jahre 1969 und 1970 von 15,6 und 13,9 Prozent — die Nettorentabilitäten liegen dementsprechend um ca. 50 Prozent niedriger — der Schmalbach-Lubeca-Werke AG lassen unter der Annahme normaler Produktivitätsfortschritte auf keine mißbräuchliche Ausnutzung der Preispolitik dieses Unternehmens schließen.

Die Beschränkung horizontaler Zusammenschlüsse, die nennenswerte Größenvorteile erwarten lassen, hält der Sachverständigenrat zur Begutachtung der gesamtwirtschaftlichen Entwicklung in seiner Stellungnahme zur Wettbewerbspolitik nicht für zweckmäßig (68, S. 128). Schließt man sich dieser Auffassung an, so muß die künftige Gesetzgebung den Fall des ruinösen Preiswettbewerbs mit dem Ziel der Ausschaltung von Konkurrenten adäquat erfassen. Geschieht dies nicht, werden mögliche potentielle Anbieter vom Marktzutritt abgeschreckt. Nach einer Regelung dieses Problems bleibt der Schwerpunkt — Erhaltung einer effizienten Wettbewerbsordnung — weiter ungelöst.

Die theoretischen und empirischen Untersuchungen haben gezeigt, daß die Konzentrationsproblematik zu differenziert ist, um mit formalen Denkansätzen zukünftig die Dinge in den Griff zu bekommen. Geht man davon aus, möglichst klare Eingriffskriterien bei der Überwachung des Mißbrauchs vorhandener Anbietermacht zu erhalten, so bieten sich die in dieser Arbeit verwendeten Effizienzkriterien Gesamtkapitalrentabilität und Produktivität nach der von Böhrs entwickelten Methode für diesen Zweck an. Diese einfachen, aber praktikablen Methoden müßten in Verbindung mit einer gesetzlich zu regelnden Leistungsvergütung für die in der Wirtschaft tätigen Entscheidungsträger geeignet sein, Kapitalfehlleitungen durch zu große Konzentrationsgebilde — die nachhaltige, unterdurchschnittliche Produktivitätssteigerungen zur Folge haben — zu erschweren. Nur ein quantifizierbarer Regelmechanismus, der die Unternehmensleitungen in konzentrierten Branchen zur ständigen Überprüfung ihrer Entscheidungen zwingt, wird auf die Dauer eine effiziente Wettbewerbsordnung sichern helfen.

Als Konsequenz dieser Arbeit muß jedoch auch festgestellt werden, daß eine weit großzügigere Behandlung von Kartellen angebracht wäre. Die Zulassung von Bagatellkartellen wird kaum geeignet sein, suboptimale Kostenstrukturen mehrerer Unternehmen gegenüber einem starken Konkurrenzunternehmen zu verbessern, so daß zu vermuten ist, daß bei Nichtberücksichtigung dieses betriebswirtschaftlichen Problems der Wettbewerb in Zukunft nicht gestärkt, sondern eher geschwächt wird.

Tabelle 1

Farbwerke Hoechst AG

		Einheit	1962 (Basis-jahr)	1963
1.	i_t	—	1,0	1,01
2.	i_p	—	1,00	1,036
3.	i_E	—	1,0	0,972
4.	i_M	—	1,0	0,99
5.	apJ	Pers.	48 914	49 767
6.	ApJ	Mrd. DM	0,608	0,641
7.	AtJ	Mio. DM	335	359
8.	$App = \frac{ApJ}{apJ}$	DM/Pers.	12 430	12 880
9.	ApJ'	Mrd. DM	0,608	0,619
10.	AtJ'	Mio. DM	335	355
11.	GL^*	Mrd. DM	2,362	2,620
12.	$GL^{*\prime} = GL : i_E$	Mrd. DM	2,362	2,695
13.	AS	Mrd. DM	1,255	1,344
14.	$AS' = AS : i_M$	Mrd. DM	1,255	1,358
15.	$MJn = GL' - AS'$	Mrd. DM	1,107	1,337
16.	$f_t = \frac{AtJ'}{ApJ'} + 1$	—	1,55	1,57
17.	$M_p = \frac{MJ_n}{apJ \cdot f_t}$	DM/Pers.	14 601	17 112
18.	$k_{\text{präp}} = \frac{Mp_B}{Mp_A} - 1$	—	–	0,17
19 a.	$\text{GKR}_{\text{vor St.AG}}$	%	11,2	12,0
19 b.	$\text{GKR}_{\text{vor St.Konzern}}$	%	11,35	11,9

1964	1965	1966	1967	1968	1969	1970	
1,03	1,05	1,07	1,07	1,08	1,11	1,14	
1,137	1,232	1,323	1,388	1,440	1,57	1,81	
0,960	0,955	0,94	0,92	0,90	0,88	0,84	
0,98	0,98	0,98	0,97	0,93	0,95	0,97	
51 273	50 163	53 893	54 667	57 151	61 026	63 867	
0,725	0,768	0,886	0,943	1,023	1,190	1,437	
386	418	502	656	664	650	723	
14 140	15 310	16 440	17 250	17 900	19 500	22 500	
0,638	0,623	0,670	0,679	0,710	0,758	0,794	
374	398	469	613	615	586	634	
3,075	3,334	3,727	3,950	4,610	5,337	5,632	
3,203	3,491	3,965	4,293	5,122	6,065	6,705	
1,547	1,703	1,917	2,004	2,309	2,768	3,051	
1,579	1,738	1,956	2,066	2,483	2,915	3,145	
1,624	1,753	2,009	2,227	2,639	3,150	3,560	
1,55	1,64	1,70	1,90	1,87	1,77	1,80	
20 434	21 308	21 928	21 441	24 693	29 162	30 967	
0,40	0,46	0,50	0,47	0,69	0,997	1,12	
15,9	15,70	14,05	11,4	15,0	15,45	10,0	
15,45	14,95	13,90	11,6	14,9	15,1	10,4	

Tabelle 2

Teutonia Zement AG

		Einheit	1960 (Basisjahr)	1961
1.	i_t	—	1,0	1,0
2.	i_p	—	1,0	1,12
3.	i_E	—	1,0	1,0
4.	i_M	—	1,0	0,99
5.	apJ	Pers.	406	383
6.	ApJ	Mio. DM	4,46	4,76
7.	AtJ^*	Mio. DM	2,90	5,01
8.	App	DM/Pers.	10 990	12 417
9.	ApJ'	Mio. DM	4,46	4,21
10.	$AtJ^{*\prime}$	Mio. DM	2,90	4,92
11.	GL^*	Mio. DM	21,12	20,73
12.	$GL^{*\prime}$	Mio. DM	21,12	20,73
13.	AS	Mio. DM	10,81	9,27
14.	AS'	Mio. DM	10,81	9,36
15.	$MJ_n = GL^{*\prime} - AS'$	Mio. DM	10,31	11,37
16.	$f_t^* = \frac{AtJ^{*\prime}}{ApJ'} + 1$	—	1,65	2,17
17.	$Mp^* = \frac{MJ_n}{apJ \cdot f_t^*}$	DM/Pers.	15 390	13 680
18.	$k_{\text{präp}}^* = \frac{Mp_B^*}{Mp_A^*} - 1$	—	—	−0,11

1962	1963	1964	1965	1966	1967	1968	1969
1,03	1,04	1,05	1,07	1,09	1,08	1,09	1,10
1,28	1,31	1,47	1,62	1,70	1,75	1,75	1,96
1,0	1,0	1,0	1,0	1,0	1,0	0,75	0,70
1,03	1,04	1,05	1,03	1,06	1,07	0,97	0,99
365	353	342	338	318	295	269	266
5,16	5,11	5,55	6,03	5,97	5,70	5,19	5,75
4,62	4,61	4,56	4,46	6,79	5,70	5,37	4,62
14 130	14 470	16 232	17 827	18 783	19 322	19 301	21 614
4,03	3,88	3,76	3,72	3,49	3,24	2,96	2,92
4,48	4,44	4,34	4,17	6,23	5,28	4,93	4,20
23,80	22,30	27,27	27,09	25,46	22,40	20,59	19,93
23,80	22,30	27,27	27,09	25,46	22,40	27,45	28,47
9,61	9,65	11,06	11,10	12,00	9,90	11,04	9,83
9,33	9,28	10,53	10,78	11,32	9,25	11,38	9,93
13,47	13,02	16,74	16,31	14,14	13,15	16,07	18,54
2,11	2,14	2,15	2,12	2,79	2,63	2,66	2,44
17 489	17 235	22 766	22 761	15 937	16 949	22,458	28 565
+0,14	+0,12	+0,48	+0,48	+0,04	+0,10	+0,46	+0,86

Tabelle 3

Germania Zement AG

		Einheit	1960 (Basisjahr)	1961
1.	i_t	—	1,0	1,02
2.	i_p	—	1,0	1,11
3.	i_E	—	1,0	1,0
4.	i_M	—	1,0	1,01
5.	apJ	Pers.	428	430
6.	ApJ	Mio. DM	5,03	5,65
7.	AtJ^*	Mio. DM	5,04	6,09
8.	$App = \frac{ApJ}{apJ}$	DM/Pers.	11 752	13 147
9.	apJ'	Mio. DM	5,03	5,09
10.	$AtJ^{*\prime}$	Mio. DM	5,04	5,97
11.	GL^*	Mio. DM	30,03	31,52
12.	$GL^{*\prime}$	Mio. DM	30,03	31,52
13.	AS	Mio. DM	15,61	16,34
14.	$AS' = AS : i_M$	Mio. DM	15,61	16,18
15.	$MJ_n = GL^{*\prime} - AS'$	Mio. DM	14,42	15,34
16.	$f_t^* = \frac{AtJ^{*\prime}}{ApJ'} + 1$	Mio. DM	2,00	2,17
17.	$Mp^* = \frac{MJ_n}{apJ \cdot f_t^*}$	DM/Pers.	16 845	16 439
18.	$k_{\text{präp}}^* = \frac{Mp_B^*}{Mp_A^*} - 1$	—	–	−0,024

1962	1963	1964	1965	1966	1967	1968	1969
1,03	1,04	1,05	1,07	1,09	1,08	1,09	1,10
1,18	1,31	1,43	1,52	1,58	1,54	1,43	1,61
1,0	1,02	1,02	1,02	1,02	1,0	0,74	0,685
1,02	1,04	1,07	1,10	1,10	1,05	1,02	0,99
420	417	428	423	420	411	363	316
5,86	6,43	7,22	7,60	7,82	7,45	6,12	6,01
6,87	5,37	6,17	5,93	7,12	5,85	4,43	3,66
13 943	15 410	16 865	17 959	18 610	18 126	16 859	19 034
4,96	4,91	5,05	5,00	4,95	4,84	4,28	3,74
6,67	5,16	5,87	5,54	6,53	5,42	4,07	3,33
30,66	32,59	36,83	36,30	32,84	26,86	21,52	22,61
30,66	31,95	36,11	35,59	32,20	26,86	29,08	33,01
15,54	16,83	18,51	18,85	16,20	12,99	12,81	13,38
15,24	16,18	17,30	17,14	14,73	12,37	12,56	13,52
15,42	15,77	18,81	18,45	17,47	14,49	16,52	19,49
2,34	2,05	2,16	2,11	2,32	2,12	1,95	1,89
15 689	18 447	20 346	20 671	17 928	16 629	23 338	32 633
−0,069	+0,095	+0,208	+0,227	+0,064	−0,013	+0,385	+0,937

Tabelle 4

Nordcement AG

		Einheit	1960 (Basisjahr)	1961
1.	i_t	—	1,0	1,02
2.	i_p	—	1,0	1,07
3.	i_E	—	1,0	1,0
4.	i_M	—	1,0	0,99
5.	apJ	Pers.	812	827
6.	ApJ	Mio. DM	8,00	8,69
7.	AtJ^*	Mio. DM	6,16	7,44
8.	$App = \frac{ApJ}{apJ}$	DM/Pers.	9 852	10 507
9.	ApJ'	Mio. DM	8,00	8,12
10.	$AtJ^{*\prime}$	Mio. DM	6,16	7,29
11.	GL^*	Mio. DM	47,67	49,77
12.	$GL^{*\prime}$	Mio. DM	47,67	49,77
13.	AS	Mio. DM	25,55	26,01
14.	$AS' = AS : i_M$	Mio. DM	25,55	26,27
15.	$MJ_n = GL^* - AS'$	Mio. DM	22,12	23,50
16.	$f_t^* = \frac{AtJ^{*\prime}}{ApJ'} + 1$	—	1,77	1,90
17.	$Mp^* = \frac{MJ_n}{apJ \cdot f_t^*}$	DM/Pers.	15 390	14 956
18.	$k_{präp}^* = \frac{Mp_B^*}{Mp_A^*} - 1$	—	—	–0,03

1962	1963	1964	1965	1966	1967	1968	1969
1,03	1,04	1,05	1,07	1,09	1,08	1,09	1,10
1,15	1,25	1,41	1,50	1,56	1,52	1,62	1,94
1,0	1,0	1,0	1,0	1,0	1,0	0,74	0,715
1,03	1,04	1,05	1,03	1,06	1,07	0,97	0,99
846	827	816	838	814	777	661	561
9,60	10,15	11,31	12,35	12,48	11,61	10,58	10,73
7,60	7,34	8,50	10,4	8,9	9,47	7,56	7,16
11 347	12 273	13 860	14 737	15 332	14 942	16 006	19 126
8,35	8,12	8,02	8,23	8,00	7,64	6,53	5,53
7,38	7,06	8,10	9,72	8,17	8,77	6,94	6,51
49,30	49,12	58,56	61,69	57,50	47,56	38,80	38,56
49,30	49,12	58,56	61,69	57,50	47,56	52,43	53,93
26,79	24,21	28,34	31,19	27,36	22,22	21,26	22,16
26,01	23,28	26,99	30,28	25,81	20,77	21,92	22,38
23,29	25,84	31,57	31,41	31,69	26,79	30,51	31,55
1,88	1,87	2,01	2,18	2,02	2,15	2,06	2,18
14 643	16 708	19 248	17 194	19 273	16 036	22 406	25 798
−0,05	0,086	0,25	0,12	0,25	0,04	0,46	0,68

Tabelle 5

Dyckerhoff-Zementwerke AG

		Einheit	1960 (Basisjahr)	1901
1.	i_t	—	1,0	1,02
2.	i_p	—	1,0	1,12
3.	i_E	—	1,0	0,968
4.	i_M	—	1,0	1,0
5.	apJ	Pers.	4 039	4 161
6.	ApJ	Mio. DM	42,3	49,1
7.	AtJ^*	Mio. DM	24,65	32,53
8.	$App = \frac{ApJ}{apJ}$	DM/Pers.	10 473	11 800
9.	$ApJ' = ApJ : i_p$	Mio. DM	42,3	43,8
10.	$AtJ^{*\prime}$	Mio. DM	24,65	31,89
11.	GL^*	Mio. DM	246,22	263,69
12.	GL^*	Mio. DM	246,22	272,41
13.	AS	Mio. DM	161,65	173,66
14.	$AS' = AS : i_M$	Mio. DM	161,65	173,66
15.	$MJn = GL^{*\prime} - AS'$	Mio. DM	84,57	98,75
16.	$f_t^* = \frac{AtJ^{*\prime}}{ApJ'} + 1$	—	1,583	1,728
17.	$Mp^* = \frac{MJ_n}{apJ \cdot f_t^*}$	DM/Pers.	13 226	13 733
18.	$k_{\text{präp}}^* = \frac{Mp_B^*}{Mp_A^*} - 1$	—	–	0,0383

1962	1963	1964	1965	1966	1967	1968	1969
1,03	1,04	1,05	1,07	1,09	1,08	1,09	1,10
1,18	1,29	1,45	1,48	1,57	1,63	1,72	1,90
0,973	1,0	1,0	1,0	1,0	1,0	0,905	0,88
1,01	1,01	0,94	0,93	0,94	0,96	0,90	0,87
4 292	4 273	4 228	4 265	4 161	3 919	3 721	3 549
53,8	58,0	64,3	66,3	68,4	66,9	67,4	70,8
35,8	38,11	42,97	53,29	60,97	65,72	58,01	58,96
12 418	13 574	15 208	15 545	16 483	17 071	18 113	19 949
45,6	44,9	44,3	44,8	43,6	41,0	39,2	37,3
34,8	36,64	40,92	49,80	55,93	60,85	53,22	53,60
279,86	287,89	330,60	347,91	285,82	266,19	247,83	257,36
287,63	287,89	330,60	347,91	285,82	266,19	273,85	292,45
176,79	179,94	206,58	216,78	144,96	128,01	120,23	125,88
175,00	178,00	219,77	233,10	154,21	133,34	133,59	144,69
112,63	109,89	110,83	114,81	131,61	132,85	140,26	147,76
1,763	1,816	1,924	2,112	2,283	2,484	2,358	2,437
14 884	14 161	13 624	12 745	13 854	13 646	15 985	17 084
0,1253	0,0706	0,030	−0,036	0,0474	0,0317	0,2086	0,2916

Tabelle 6

Heidelberger-Zement (Konzern)

		Einheit	1963 (Basis-jahr)	1964
1.	i_t	—	1,0	1,01
2.	i_p	—	1,0	1,08
3.	i_E	—	1,0	1,0
4.	i_M	—	1,0	0,99
5.	apJ	Pers.	4 948	4 953
6.	ApJ	Mio. DM	65,20	70,50
7.	AtJ^*	Mio. DM	53,25	55,78
8.	$App = \frac{ApJ}{apJ}$	DM/Pers.	13 177	14 234
9.	$ApJ' = ApJ : i_p$	Mio. DM	65,20	65,278
10.	$AtJ^{*\prime}$	Mio. DM	53,25	55,22
11.	GL^*	Mio. DM	275,50	335,40
12.	$GL^{*\prime} = GL^* : 1_E$	Mio. DM	275,50	335,40
13.	AS	Mio. DM	133,76	172,44
14.	$AS' = AS : i_M$	Mio. DM	133,76	174,18
15.	$MJ_n = GL^{*\prime} - AS'$	Mio. DM	141,74	161,22
16.	$f_t^* = \frac{AtJ^{*\prime}}{ApJ'} + 1$	—	1,82	1,85
17.	$Mp^* = \frac{MJ_n}{apJ \cdot f_t^*}$	DM/Pers.	15 739	17 594
18.	$k_{\text{präp}}^* = \frac{Mp_B^*}{Mp_A^*} - 1$	—	0	0,1178

1965	1966	1967	1968	1969
1,03	1,05	1,04	1,05	1,06
1,20	1,30	1,27	1,36	1,43
1,0	1,0	1,00	0,96	0,97
0,98	0,98	0,98	0,92	0,92
4 893	4 529	4 182	3 880	3 859
77,80	78,00	70,00	70,00	73,00
69,79	82,89	66,00	78,40	84,90
15 900	17 222	16 738	18 041	18 917
64,833	60,00	55,118	51,471	51,049
67,75	78,94	63,46	74,66	80,09
343,22	349,00	301,57	309,73	346,28
343,22	349,00	301,57	322,64	356,99
164,45	163,5	135,48	122,77	147,13
167,80	166,84	138,24	133,45	159,92
175,42	182,16	163,33	189,19	197,07
2,04	2,32	2,15	2,45	2,57
17 574	17 336	18 165	19 902	19 870
0,1165	0,1014	0,1541	0,2645	0,2624

Tabelle 7

Salzdetfurth AG — Vereinigte Kaliwerke AG

		Einheit	1960 (Basisjahr)	1961
1.	i_t	—	1,0	1,02
2.	i_p	—	1,0	1,13
3.	i_E	—	1,0	1,0
4.	i_M	—	1,0	1,0
5.	apJ	Pers.	5 460	5 756
6.	ApJ	Mio. DM	50,0	59,4
7.	AtJ	Mio. DM	30,9	34,35
8.	$App = \frac{ApJ}{apJ}$	DM/Pers.	9 150	10 300
9.	$ApJ' = apJ \cdot ApP_A$	Mio. DM	50,0	52,8
10.	$AtJ' = AtJ : i_t$	Mio. DM	30,9	33,7
11.	GL	Mio. DM	172,0	184,2
12.	$GL : i_E = GL'$	Mio. DM	172,0	184,2
13.	AS = Stoffaufw.	Mio. DM	45,3	49,5
14.	$AS' = AS : i_M$	Mio. DM	45,3	49,5
15.	$MJ_n = GL' - AS'$	Mio. DM	126,7	134,7
16.	$f_t' = \frac{AtJ'}{ApJ'} + 1$	—	1,62	1,64
17.	$Mp = \frac{MJ_n}{apJ \cdot f_t'}$	DM/Pers.	14 300	14 250
18.	$k_{\text{präp}} = \frac{Mp_B}{Mp_A} - 1$	—	—	−0,004
19.	$\text{GKR}_{\text{vor St.}}$	%	38,3	26,8
20.	$k_{\text{Sub}} = \frac{f_{tA}}{f_{t'B}} - 1$	—	—	−0,014

1962	1963	1964	1965	1966	1967	1968	1969
1,03	1,04	1,06	1,08	1,10	1,10	1,12	1,15
1,22	1,27	1,42	1,67	1,68	1,69	1,82	2,08
1,0	1,0	1,0	1,01	1,0	0,94	0,93	0,93
1,01	1,01	1,03	1,04	1,05	1,07	1,0	1,02
5 619	5 144	4 905	4 820	4 915	4 566	4 055	3 492
62,9	59,9	64,0	74,0	75,7	70,7	67,7	66,5
38,0	46,4	43,2	45,4	51,0	51,5	52,7	49,7
11 200	11 650	13 000	15 300	15 400	15 500	16 700	19 000
51,4	47,0	45,0	44,0	45,0	41,8	37,2	31,9
36,8	44,6	40,7	42,0	46,4	46,8	47	43,2
180,3	180,3	200,6	211,7	209,5	185,7	190	185,8
180,3	180,3	200,6	209,0	209,5	197,0	204,0	200,0
45,7	43,0	49,7	57,8	57,0	46,9	43,2	43,8
45,2	42,6	48,2	55,5	54,2	43,7	43,2	43,0
135,1	137,7	152,4	153,5	155,3	153,3	160,8	157,0
1,71	1,95	1,905	1,955	2,03	2,12	2,26	2,35
14 100	13 750	16 300	16 300	15 600	15 840	17 500	19 180
−0,015	−0,038	+0,14	+0,14	+0,09	+0,11	+0,22	+0,34
20,4	20,3	30,3	21,8	15,8	14,5	11,4	13,7
−0,052	−0,17	−0,15	−0,17	−0,202	−0,236	−0,282	−0,31

Literaturverzeichnis

1 *Kantzenbach*, E., — Die Funktionsfähigkeit des Wettbewerbs, 2. Aufl., Göttingen 1967.

2 *Boden*, H. C., — Konzentrationsprobleme einzelner Branchen, in: Notwendigkeit und Gefahr der wirtschaftlichen Konzentration, Tübingen 1969.

3 *Siegwart*, H., — Zwang und Problematik der Konzentration in der Industrie, in: Die Unternehmung, 23. Jg., 2, 1969.

4 *Lenel*, H. O., — Ursachen der Konzentration, Tübingen 1968, 2. Aufl.

5 *Gunzert*, R., — Was ist Konzentration?, Frankfurt 1960.

6 *Arndt*, H. und *Ollenburg*, G., — Begriff und Arten der Konzentration, in: Die Konzentration in der Wirtschaft, Bd. I, Berlin 1960.

7 *Gutenberg*, E., — Grundlagen der Betriebswirtschaftslehre, in: Die Produktion, 14. Aufl., Berlin 1968.

8 *Weber*, K., — Die Aussagefähigkeit empirischer Kostenfunktionen in betriebswirtschaftlicher Sicht, in: ZfB, 37. Jg. 1967.

9 *Böhrs*, H., — Die Kosten des wachsenden Betriebes, Bern 1969, Paul Haupt-Verlag.

10 *Heinen*, E., — Reformbedürftige Zuschlagskalkulation, in: ZfHF, 10. Jg. 1958.

11 *Böhrs*, H., — Die Anwendung der funktionalen Erzeugniskalkulation für die Vorausberechnung der kostenmäßigen Auswirkungen von Vereinheitlichungsmaßnahmen, in: Arbeitsgemeinschaft für Rationalisierung des Landes Nordrhein-Westfalen, Heft 86, 1966.

12 *Böhrs*, H., — Funktionale Kostenkalkulation, Beuth-Vertrieb GmbH, Frankfurt 1971.

13 *Böhrs*, H., — Organisation des Industriebetriebes, Wiesbaden 1963.

14 *Haberlandt*, K., — Das Wachstum der industriellen Unternehmung, Neuwied—Berlin 1970.

15 *Riester*, W. F., — Wirtschaftskonzentration und Politik, In: BFuP, 23. Jg., Heft 6.

16 *Meinshausen*, G., — Hüttenwerksanlagen — höchste Leistung, Planungsstand und Entwicklungsmöglichkeiten, in: Stahl und Eisen, 90. Jg. 1970, Heft 4.

17 FAZ 24. 3. 1969, — „Ochel warnt vor Mammut-Unternehmen“.

18 FAZ 19. 8. 1969, „Nach dem Kesseltreiben an der Ruhr."

19 Blick durch die Wirtschaft „Kein Fortschritt im Bergbau". 23. 3. 1971.

20 Der Arbeitgeber, 22. Jg., Dezember 1970.

21 *Lücke*, W., Das Gesetz der Massenproduktion in betriebswirtschaftlicher Sicht, in: Zur Theorie der Unternehmung, Wiesbaden 1962.

22 *Ott*, A. E., Technischer Fortschritt, H. d. S., Bd. 10, 1959.

23 *Wanser*, G., Die Kabelindustrie zwischen gestern und morgen, in: Elektrizitätswirtschaft, 68. Jg. 1969, Heft 26.

24 *Bünstorf*, K., Zwischenbetriebliche Strukturvergleiche von Industriebetrieben mit Hilfe der funktionalen Organisationsanalyse, Diss. TU Hannover 1971.

25 *Kieser*, A., Unternehmenswachstum und Produktinnovation, Berlin 1970.

26 Geschäftsbericht der Siemens AG, 1968/69.

27 Degab-Studie Westinghouse Electric, Mai 1970.

28 Degab-Studie ITT, Juni 1971.

29 Degab-Studie IBM, August 1971.

30 *Berger*, Unternehmensgröße und Leitungsaufbau, Berlin 1968.

31 *Steinhofer*, A, Die vielzitierte technologische Lücke, in: FAZ, 16. 8. 1969.

32 Degab-Studie Control Data, Mai 1971.

33 FAZ 18. 3. 1971, „Du Pont stellt Corfam-Produktion ein."

34 Macht sich die Industrieforschung in Amerika bezahlt?, in: FAZ, 13. 1. 1969.

35 *Böhrs*, H., Industrielle Betriebslehre, Vorlesungsmanuskript an der TU Hannover.

36 *Franke*, J., Werbung und Konzentration, Berlin 1970.

37 *Richter*, H. J., Wirtschaftlichkeitsvergleich der Absatzwege für Erzeugnisse der Süßwarenindustrie bei verschiedenen Absatzwegen, Diss. TU Hannover 1971.

38 Degab-Studie Dupont, Mai 1971.

39 DIE WELT, 27. 9. 1969: Du Pont vertraut auf seine stabile Konstitution.

40 Geschäftsbericht der Farbwerke Hoechst AG 1969.

41 Geschäftsbericht der Farbwerke Hoechst AG 1970.

42 *Köhler*, C., Der Geldkreislauf, Berlin 1962.

43 Rund um die Börse, 1971, Commerzbank-Broschüre.

44 *Rittershausen*, H., Industrielle Finanzierungen, Wiesbaden 1964.

45 *Köhler*, C., Geldwirtschaft, Berlin 1970.

46 Degab-Studie IBM, Mai 1970.

47 Rund um die Börse, 1970, Commerzbank-Broschüre.

48 Britischer Maschinenbau hat mit der Konkurrenz nicht Schritt gehalten, in: Blick durch die Wirtschaft, 11. 4. 1972.

49 *Ott,* A. E., Grundzüge der Preistheorie, Göttingen 1970.

50 *Borschberg,* E., Die absatzwirtschaftliche Qualitätspolitik in neuer Sicht, in: Die Unternehmung, 23. Jg. Nr. 4, 1969.

51 *Fürst,* R., Rationalisierung durch Kooperation, in: BFuP, 17. Jg. 1964, Heft 4.

52 *Overbeck,* E., Die deutsche Stahlindustrie an der Jahreswende 1969/70, in: Stahl und Eisen, 1970, 90. Jg.

53 Monatsberichte der Deutschen Bundesbank, 22. Jg., Nr. 4, April 1970.

54 *Böhrs,* H., Produktivitätsermittlung industrieller Betriebe, München 1970.

55 FAZ 23. 1. 1969, Das KfW-Gutachten empfiehlt eine „Nordstahl AG".

56 FAZ 26. 5. 1970, Fusionsentscheid bei glänzender Ertragslage.

57 Ilseder Hütte, Einladung zur Hauptversammlung 1970.

58 Karoli-Wirtschaftsprüfung GmbH, Essen—Berlin, Gutachten zur Bewertung der Ilseder Hütte gemäß § 304 und § 305 AktG vom 9. 4. 1970, Alage 10.

59 *Meyer,* Horst, Produktivitätsermittlung der Hüttenwerke Salzgitter AG und der Ilseder Hütte, unveröffentl. Diplomarbeit am Lehrstuhl für Betriebswirtschaftslehre der TU Hannover, 1971.

60 FAZ 6. 2. 1969, Daimler übernimmt Führung in der Rheinstahl-Kooperation.

61 Linde AG, Berichte aus Technik und Wissenschaft, 28/1970.

62 FAZ 4. 9. 1969, Magirus wählt Exklusivität und Flexibilität.

63 Geschäftsbericht der Salzdetfurth AG von 1969.

64 Geschäftsbericht der Salzdetfurth AG von 1970.

65 Geschäftsbericht der Salzdetfurth AG von 1971.

66 *Raisch,* P., *Sölter,* A., *Kartte,* W., Fusionskontrolle — Für und Wider, Stuttgart 1970.

67 FAZ 13. 8. 1970, Brüssel prüft Verpackungsmittel-Markt.

68 Sachverständigenrat zur Begutachtung der gesamtwirtschaftlichen Entwicklung, Jahresgutachten 1971/72.